"中国企业社会责任报告编写指南(CASS—CSR3.0)"
系列丛书的出版得到了下列单位的大力支持：

（排名不分先后）

中国南方电网
中国华电集团公司
华润（集团）有限公司
三星（中国）投资有限公司

"中国企业社会责任报告编写指南（CASS—CSR3.0）之石油
化工业指南"的出版得到了下列单位的大力支持：

（排名不分先后）

中国石油化工集团公司
中国石化扬子石油化工有限公司
中国石化镇海炼化分公司
LG化学（中国）投资有限公司
宁波LG甬兴化工有限公司

中国企业社会责任报告编写指南(CASS-CSR3.0) 丛书

主 编：彭华岗

副主编：钟宏武 张 蒽

中国企业社会责任报告编写指南3.0

之 石油化工业指南

中国社会科学院经济学部企业社会责任研究中心

中国石油化工集团公司

LG化学（中国）投资有限公司

钟宏武 周泉生 金东镐 张 靖/顾问

马 燕 叶柳红 张 宓 王李甜子 陈 洁/等著

社会责任报告
全生命周期管理指南

经济管理出版社

ECONOMY & MANAGEMENT PUBLISHING HOUSE

图书在版编目（CIP）数据

中国企业社会责任报告编写指南 3.0 之石油化工业指南/马燕等著. —北京：经济管理出版社，2015.6

ISBN 978-7-5096-3778-4

Ⅰ.①中… Ⅱ.①马… Ⅲ.①企业责任—社会责任—研究报告—写作—中国 ②石油化工企业—工业企业管理—社会责任—研究报告—写作—中国 Ⅳ.①F279.2 ②H152.3

中国版本图书馆 CIP 数据核字（2015）第 100861 号

组稿编辑：陈　力
责任编辑：杨国强　张瑞军
责任印制：司东翔
责任校对：超　凡

出版发行：经济管理出版社
　　　　　（北京市海淀区北蜂窝 8 号中雅大厦 A 座 11 层　100038）
网　　址：www. E-mp. com. cn
电　　话：(010) 51915602
印　　刷：三河市延风印装厂
经　　销：新华书店
开　　本：720mm×1000mm/16
印　　张：15.75
字　　数：296 千字
版　　次：2015 年 6 月第 1 版　2015 年 6 月第 1 次印刷
书　　号：ISBN 978-7-5096-3778-4
定　　价：68.00 元

《中国企业社会责任报告编写指南 3.0 之石油化工业指南》专家组成员

（按姓氏拼音排序）

鲍春莉　中国海洋石油总公司政策研究室处长

陈　洁　LG 化学（中国）投资有限公司企业社会责任经理

高　进　宁波 LG 甬兴化工有限公司安全环境总监

洪先荣　中国石化扬子石油化工有限公司副总工程师

黄仲文　中国石化镇海炼化分公司综合办公室副主任

金东镐　LG 化学（中国）投资有限公司总经理

刘志波　中国石化国际石油勘探开发有限公司企业文化部经理

刘志勇　宁波 LG 甬兴化工有限公司人事行政总监

吕大鹏　中国石化宣传工作部（新闻办）主任

谢丹平　中国石化宣传工作部（新闻办）品牌处主管

马　燕　中国社会科学院经济学部企业社会责任研究中心研究员

瞿　滨　中国石化镇海炼化分公司安全环保处长

王　闽　中国石化扬子石油化工有限公司党委副书记

王　帅　中国海洋石油总公司政策研究室主管

王承波　中国社会科学院经济学部企业社会责任研究中心副主任

王李甜子　中国石化宣传工作部（新闻办）品牌处主办

王旭江　中国石化镇海炼化分公司党委副书记

王哲明　中国石化扬子石油化工有限公司 HSE 部副部长

杨　旭　中国石化扬子石油化工有限公司宣传部企业文化专家

叶柳红　中国社会科学院经济学部企业社会责任研究中心助理研究员

原　野　中国石油天然气集团公司办公厅副处长

张　蒽　中国社会科学院经济学部企业社会责任研究中心常务副主任

张　靖　LG 化学（中国）投资有限公司行政副总监

张　宓　中国社会科学院经济学部企业社会责任研究中心助理研究员

张朝霞　宁波 LG 甬兴化工有限公司副总经理

张玉明　中国石化镇海炼化分公司总经理

钟宏武　中国社会科学院经济学部企业社会责任研究中心主任

周泉生　中国石化宣传工作部（新闻办）品牌处处长

开启报告价值管理新纪元

透明时代的到来要求企业履行社会责任，及时准确地向利益相关方披露履行社会责任的信息。目前，发布社会责任报告已日益成为越来越多的企业深化履行社会责任、积极与利益相关方沟通的载体和渠道，这对于企业充分阐释社会责任理念、展现社会责任形象、体现社会责任价值具有重要的意义。作为中国第一本社会责任报告编写指南，指南的发展见证了我国企业社会责任从"懵懂发展"到"战略思考"的发展历程。2009 年 12 月，中国社会科学院经济学部企业社会责任研究中心发布了《中国企业社会责任报告编写指南（CASS-CSR1.0)》(简称《指南 1.0》)，当时很多企业对"什么是社会责任"、"什么是社会责任报告"、"社会责任报告应该包括哪些内容"还存在争议。所以《指南 1.0》和 2011 年 3 月发布的《中国企业社会责任报告编写指南（CASS-CSR2.0)》(简称《指南 2.0》) 定位于"报告内容"，希望通过指南告诉使用者如何编写社会责任报告、社会责任报告应该披露哪些指标。指南的发布获得了企业的广泛认可和应用，2014 年，参考指南编写社会责任报告的企业数量上升到了 231 家。

8 年过去了，我国企业社会责任报告领域发生了深刻变革，企业社会责任报告的数量从 2006 年的 32 份发展到了 2014 年的 1526 份；报告编写质量明显提高，很多报告已经达到国际先进水平。同时，企业在对社会责任的内涵及社会责任报告的内容基本达成共识的基础上，开始思考如何发挥社会责任报告的综合价值，如何将社会责任工作向纵深推进。

为适应新时期新形势要求，进一步增强指南的国际性、行业性和工具性，中国社会科学院经济学部企业社会责任研究中心于 2012 年 3 月启动了《中国企业社会责任报告编写指南（CASS-CSR3.0)》(简称《指南 3.0》) 修编工作，在充分调研使用者意见和建议的基础上，对《指南 3.0》进行了较大程度的创新。总体而言，与国内外其他社会责任倡议相比，《指南 3.0》具有以下特点：

（1）首次提出社会责任报告"全生命周期管理"的概念。企业社会责任报告既是企业管理的工具，也是与外部利益相关方沟通的有效工具。《指南 3.0》定位于通过对社会责任报告进行全生命周期的管理，充分发挥报告在加强利益相关方沟通、提升企业社会责任管理水平方面的作用，可以最大限度发挥报告的综合价值。

（2）编制过程更加科学。只有行业协会、企业积极参与到《指南 3.0》的编写中，才能使《指南 3.0》更好地反映中国企业社会责任实际情况。在《指南 3.0》的修编过程中，为提升分行业指南的科学性和适用性，编委会采取"逐行业编制、逐行业发布"的模式，与行业代表性企业、行业协会进行合作，共同编制、发布分行业的编写指南，确保《指南 3.0》的科学性和实用性。

（3）适用对象更加广泛。目前，我国更多的中小企业越来越重视社会责任工作，如何引导中小企业社会责任发展也是指南修编的重要使命。《指南 3.0》对报告指标体系进行整理，同时为中小企业使用指南提供了更多的指导和工具。

（4）指标体系实质性更加突出。《指南 3.0》在编写过程中对指标体系进行了大幅整理，在指标体系中更加注重企业的法律责任和本质责任，将更多的指标转变为扩展指标，更加注重指标的"实质性"。

《中国企业社会责任报告编写指南（CASS-CSR3.0)》是我国企业社会责任发展的又一重大事件，相信它的推出，必将有助于提高我国企业社会责任信息披露的质量，有助于发挥社会责任报告的综合价值，也必将开启社会责任报告价值管理新纪元！

2015 年 1 月

目 录

总 论 篇

指 标 篇

案例篇

总论篇

第一章　石油化工业社会责任

石油化工业主要包括油气勘探、油气田开发、钻井工程、采油工程、油气集输、原油储运、石油炼制、化工生产、油品/化工销售等，生产社会需要的汽油、煤油、柴油、润滑油、化工原料、合成树脂、合成橡胶、合成纤维、化肥等多种石油、化工产品。

一、石油化工业在国民经济中的地位

石油化工业是关系国民经济和社会发展全局的重要基础工业和支柱产业，是国家经济、社会发展水平以及国家综合实力的重要标志，在国民经济中具有举足轻重的地位。"十二五"期间，随着国内外经济形势的变化以及行业发展趋势的转变，石油化工业发展变得不稳定，亦面临着诸多困境。2011 年，我国石油化工业实现平稳快速增长，效益进一步改善。全行业规模以上企业累计总产值 11.28 万亿元，同比增长（下同）31.5%；利润总额 8070.1 亿元，增长 18.83%；主营业务收入 10.8 万亿元，增长 30.44%；资产总计 7.74 万亿元，增长 18.73%，[①]为拉动国民经济增长发挥重要作用。2014 年，在国际原油价格大幅下跌的情况下，我国石油化工业运行基本平稳，生产稳步增长，但行业效益大幅下降。炼油行业主营业务收入 3.5 万亿元，同比增长（下同）0.7%，利润 118.7 亿元，下降 69.6%，利润率 0.34%；合成树脂主营业务收入 8523.4 亿元，增长 6.7%，利润 266.2 亿元，下降 16.5%，利润率 3.1%；合成橡胶主营业务收入 1395.4 亿元，增长

---

① 工信部：《石油和化学工业 2011 年经济运行分析及 2012 年展望》，2012 年 3 月。

7.9%，利润 66.7 亿元，增长 4.5%，利润率 4.8%；合成纤维主营业务收入 3244.8 亿元，下降 0.4%，亏损 37.4 亿元。① 可见，石油化工业的经济运行情况对国民经济发展影响的重要性。同时，由于石油化工业的行业特殊性，涉及的产业链长和相关产业多，在吸纳就业和带动相关产业发展等方面具有显著作用。

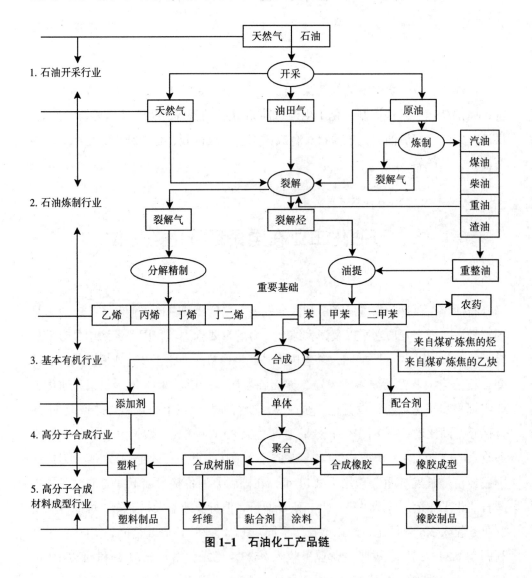

图 1-1　石油化工产品链

_____

① 工信部：《石化行业运行情况》，2015 年 2 月。

（一）石油化工业为国民经济运行提供能源和基础原材料保障

石油化工产品与人们的生活密切相关，大到太空的飞船，天上的飞机，海上的轮船，陆地上的火车、汽车，小到我们日常使用的电脑、办公桌、牙刷、毛巾、食品包装容器、多彩多姿的服饰、各式各样的建材与装潢用品和变化多样的游乐器具等，都与石油化工有着密切的关系。可以说，我们日常生活中的"衣、食、住、行、用"样样都离不开石油化工产品。

表 1-1　我国工业产品产量及增长速度（2014 年）

产品名称	产　量	较 2013 年增长（%）
原油（亿吨）	2.1	0.6
原油加工量（亿吨）	5.03	5.3
天然气（亿立方米）	1234.1	6.9
汽油（亿吨）	1.1	12.3
柴油（亿吨）	1.76	2.4
乙烯（万吨）	1704.4	7.6
对二甲苯（PX）（万吨）	877	14
合成橡胶（万吨）	532.4	10.1
合成纤维单体（万吨）	2283	6
合成树脂（万吨）	6950.7	10.3

数据来源：工信部：《石化行业运行情况》，2015 年。

表 1-2　我国能源生产与消费情况（2013 年）

产品名称	占能源生产总量比重（%）	较 2012 年增长（%）	占能源消费产量比重（%）	较 2012 年增长（%）
石　油	8.9	0	18.4	−2.1
天然气	4.6	6.5	5.8	10.3

数据来源：国家统计局：《中国统计年鉴》（2014）。

表 1-3　按行业分能源消费量（2012 年）

消费量 行业	原油（万吨）	汽油（万吨）	煤油（万吨）	柴油（万吨）	燃料油（万吨）	天然气（亿立方米）
采掘业	1074.08	58.02	2.64	631.77	16.44	139.50
制造业	45482.98	489.14	29.37	1037.70	2202.55	572.72
电力、煤气及水生产和供应业	2.46	33.90	0.03	78.23	22.70	234.52
建筑业	—	286.87	7.89	518.01	27.05	1.26

续表

行业 \ 消费量	原油（万吨）	汽油（万吨）	煤油（万吨）	柴油（万吨）	燃料油（万吨）	天然气（亿立方米）
交通运输、仓储和邮政业	119.40	3753.03	1787.09	10727.03	1383.94	154.51
生活消费	—	1666.52	25.58	964.09	—	288.27
……	……	……	……	……	……	……

数据来源：国家统计局：《中国统计年鉴》(2014)。

从图 1-1、表 1-1、表 1-2 和表 1-3 可以看出，石油化工业有着很长的产品链，为采掘业，制造业，电力、煤气及水生产和供应业，建筑业，交通运输、仓储和邮政业，生活消费等行业提供能源和原材料，生产总量和消费量总体呈增长趋势。如石油化工业为现代交通运输业提供燃料和原材料，其中塑料、橡胶、涂料及黏合剂等石油化工产品已广泛用于交通工具，降低了制造成本，提高了使用性能。一部汽车的塑料件占其重量的 7%~20%。汽车的自重每减少 10%，燃油的消耗可降低 6%~8%。为建材工业提供铺地材料、涂料等，为电子工业提供精细化工产品等，为服装服饰提供化学纤维等。可见，石油化工业在国民经济中的基础和支柱地位，为我国国民经济运行提供能源和基础原材料保障。

（二）石油化工业是国民经济实现可持续发展的中坚力量

石油化工业作为基础性工业，除为国民经济运行提供重要的能源和原材料保障之外，还承担扩大社会就业、带动相关产业发展、促进产业升级等重要任务，是国民经济实现可持续发展的中坚力量。

石油化工业不仅为国家创造经济价值，满足工业和社会大众对产品的需求，亦是吸纳就业的重要源泉。从图 1-2 可以看出，由于石油化工业特殊的行业特点，产业链长，在一些领域仍是劳动密集型行业，决定其在吸纳和带动就业方面具有重要作用。石油化工业从勘探开发、油气田开发、钻井工程、采油工程、油气集输、原油储运、石油炼制、化工生产、油品销售等环节为社会创造了大量的就业机会。该产业通过吸纳和带动社会就业对保持经济发展、社会稳定、生活改善具有至关重要的作用。

从图 1-2 可以看出，石油化工业与我国国计民生的许多行业有着密切关联度。从产业内部分工和供需关系出发，形成了石油化工业垂直的供需链和横向的协作链条关系，其庞大的产业体系带动了相关产业的发展。如石油化工业上游的勘探开发、生产等业务为中游石化产品制造等提供原材料。此外，石油化工业为农业、能源、交通、机械、电子、纺织、轻工、建筑、建材等工农业和人民日常生活提供生产和生活材料，为促进这些行业发展奠定了坚实的基础。

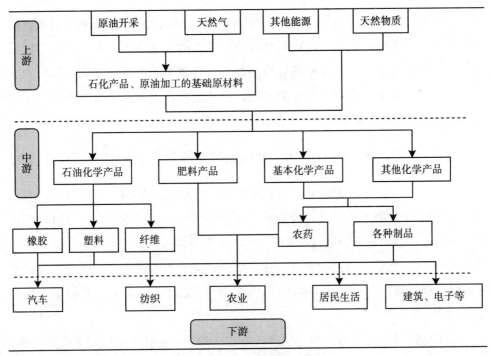

图1-2 石化产业链基本框架

《石化和化学工业"十二五"规划》明确指出，在炼油、化肥等行业仍存在一定比例的落后产能，技术装备水平低，原料配套条件差，影响行业整体竞争力。石油化工产品仍以中低端和通用品种为主，高端产品短缺。新技术产品产业化进程较慢，缺少具有知识产权的核心技术。因此，我国石油化工业应加大技术创新力度，推动先进技术设备、中高端产品和新产品的研发和使用，带动产业结构的优化和升级，培育新的增长点，进一步提升我国石油化工业的行业竞争力。

二、石油化工业履行社会责任的意义

石油化工业是关系国计民生的重要基础产业，对国民经济的发展有着重要的推动作用。但当前石油化工业正面临着前所未有的发展瓶颈，如产能结构性过剩、下游产品创新力弱、资源环境约束加大、经济效益下滑、安全环保压力大等，因此，石油化工企业必须更加重视履行社会责任，加强和推进社会责任管理，以进一步提升企业竞争力，实现可持续发展。

（一）宏观层面——石油化工业履行社会责任，助力社会可持续发展

中共十八届三中全会做出了全面深化改革的重大战略部署，其中对国有企业、混合所有制企业和民营企业提出了承担社会责任的共同要求。2014 年 10 月，中共十八届四中全会通过了《中共中央关于全面推进依法治国若干重大问题的决定》，要求加强企业社会责任立法。可见，企业履行社会责任已经上升到国家战略层面，是适应国内外经济社会发展趋势的必然要求，也是促进社会可持续发展的重要途径。

作为国民经济的基础性和支柱性产业，石油化工业必须响应国家政策要求，将履行社会责任放到企业发展的重要高度。主动履行市场责任，加大技术创新，保障能源和基础原材料供应，为促进国民经济平稳运行奠定坚实的基础，拉动国民经济增长。履行环境责任，必须将生态、环境要素纳入企业经营过程，响应国家生态文明建设，遵守产业、环境关键指标要求，以负责任的态度有偿使用资源和生态补偿。同时，主动出击，积极研发环保节能设备与技术、践行节能减排、发展循环经济、应对气候变化、开展环保公益等，为建设美丽中国贡献力量。履行社会责任，企业作为社会一员，应该发挥自身的优势，积极开展社会贡献活动，参与慈善事业，促进社会的和谐与稳定。通过履行社会责任，有助于构建经济稳定、环境良好、社会秩序井然的社会发展状态，推动社会整体进步和可持续发展。

（二）中观层面——石油化工业履行社会责任，推动行业可持续发展

可持续发展是一种注重长远发展的经济增长模式，其原则是指经济发展的渐进性、持续性，为追求经济效益增长，在制定经济发展战略的同时必须兼顾环境、资源因素等。因此，对于一个产业而言，若要实现产业的可持续发展，必须在追求经济增长的同时，将科技创新、环境保护等纳入企业运营中。

"十二五"期间，我国石油化工业总体上保持平稳发展，但仍然存在诸多问题。工业和信息化部《2014年石化行业运行情况》指出，我国炼油行业产能结构性过剩；下游产品创新力弱，差异化产品和中高端产品比例相对较低，市场需求走弱；安全环保压力大；产业安全形势严峻，我国石化行业从原料到产品对外依存度高，原油、天然气对外依存度分别为59.4%和31.7%，比2013年同期分别提高2.1个和1.3个百分点。下游产品中，对二甲苯、乙烯当量对外依存度分别为52.9%和51%，产业国际竞争力仍然较弱。这些问题的存在，对我国石油化工业履行社会责任提出新的、更大的挑战。因此，石油化工业必须推进行业创新能力提升，保障能源供应，提高能源效率，降低能源对外依存度；通过技术创新，推动产业结构优化和升级，淘汰落后产能，研发精细化和专业化产品、新技术产品，提升行业竞争力；遵循环保法律法规，践行节能减排和循环经济等，减轻社会大众对石油化工业环保问题的担忧，为社会公众营造健康、绿色生活环境；加大安全生产投入力度，做好安全隐患排查与治理等工作，预防安全生产事故的发生，提升行业安全管理水平，消除社会公众对石油化工生产运营引发的安全隐患。因此，石油化工业通过履行社会责任，解决当前石油化工业面临的重要问题，为促进石油化工业可持续发展提供良好的环境。

（三）微观层面——石油化工业履行社会责任，促进企业可持续发展

企业社会责任已经成为全球企业提升竞争力和企业品质的核心要素，是实现企业自主创新与可持续发展的客观要求。石油化工企业应主动积极地履行社会责任，对内加强企业社会责任管理，对外关注关键利益相关方期望并给予回应，通过二者的结合，共同促进企业可持续发展。

对企业内部管理而言，石油化工企业通过履行社会责任，全面梳理企业在履行经济、社会、环境方面的责任绩效，分析履责实践过程中的不足与经验，以便

改进和完善今后的工作，促进企业更好地开展社会责任实践；企业通过履行社会责任，提升责任意识，将企业社会责任管理纳入企业日常生产经营活动中、企业管理中，真正将履行企业社会责任变成企业内在的自觉的行动；企业通过对标先进行业或企业的社会责任实践，从而为企业发现问题、规避风险、寻求机遇和迎接挑战提供新的视角，进一步提升企业的软实力和竞争力。

对企业外部管理而言，石油化工企业履行社会责任，企业要积极回应股东、客户、员工、政府、合作伙伴等关键利益相关方的期望。如企业对股东承担社会责任，要保护股东权益和提高财务绩效等；企业对客户承担社会责任，要保障能源与原材料供应、确保产品质量与安全、创新产品和服务、提高客户的满意度和认可度等；企业对员工承担责任，要保障员工基本权益、促进职业健康与发展、关爱员工生活等；企业对政府承担社会责任，要积极响应国家政策、带动社会就业等；企业对合作伙伴承担社会责任，要坚守诚信经营理念、促进共赢等。通过这些措施回应，促进企业与利益相关方的共同成长与发展。

三、石油化工业社会责任特征及要求

近年来，随着国家政策力度的加强、企业道德意识的不断提升以及社会舆论监督力度的加大，社会责任工作在企业，尤其是在大中型企业中普遍开展。在社会责任履行过程中，各行各业呈现出不同的履责特征和要求，提出了差别化的社会责任议题。石油化工业在保障产品可持续供应、安全生产与职业健康、节能减排与应对气候变化、科技创新、供应链责任等方面表现出了不同的特征和履责要求。

（一）保障产品可持续供应

石油化工业是国民经济的基础性产业，为农业、能源、交通、机械、电子、纺织、轻工、建筑、建材等工农业发展提供能源和原材料，以保障国民经济正常运营。因此，保障产品可持续供应是石油化工企业最应该关注和持续履行的企业社会责任之一。

当前面临着化石能源有限、能源需求不断增长的供需矛盾，以及在能源生产与消费过程中产生的环境污染、气候变化等挑战，石油化工企业应不断深化科技创新，持续提高常规油气资源开发和利用效率，保障基础能源供应；加大清洁能源投资，推进油品升级，大力拓展天然气产业链，发展页岩气、煤层气等新能源和清洁能源，实现能源供应多元化，并不断增加清洁能源在能源供应中的比重，努力构建稳定、安全、清洁、经济的能源供应体系，为人类社会的繁荣和发展提供不竭的能源动力。2014年5月，国务院印发《2014~2015年节能减排低碳发展方案》指出，增加天然气供应，优化天然气使用方式，新增天然气优先用于居民生活或替代燃煤；大力发展非化石能源，到2015年非化石能源占一次能源消费量的比重提高到11.4%，可见清洁能源供应的重要性。

同时，工业和信息化部《2014年石化行业运行情况》指出，我国对二甲苯、乙烯当量对外依存度分别为52.9%和51%；合成树脂、合成橡胶和合成纤维单体对外依存度分别为28%、20%和30.3%。事实和数据的存在，体现了我国石油化工产品供需矛盾。因此，石油化工企业应该加大化工产品研发力度，优化产品多元化结构，提高产品的循环利用率，降低对外依存度，满足国民经济发展需求。

（二）安全生产与职业健康

石油化工业由于生产的特殊性，属于高风险行业。石油化工业生产过程涉及物料危险性大，发生火灾、爆炸、群死群伤事故概率大。石油化工业运输与生产过程中使用的原材料、辅助材料、半成品和成品，如原油、天然气、液态烃、乙烯等，绝大多数属易燃、可燃、有毒有害物质，一旦泄漏，易发生燃烧、爆炸与中毒事件，且这些材料和产品多为危险化学品，生产工艺伴有有毒有害气体、烟尘、工业粉尘、噪声等职业健康危险因素，影响人体健康，作业人员急性职业中毒和慢性职业病多发；生产过程中还需使用多种强腐蚀性的酸、碱类物质，如硫酸、烧碱等，容易腐蚀设备、管线等，影响设备安全性；生产过程中需要经过很多物理、化学过程和传质、传热单元操作，一些过程条件异常苛刻，如高温、高压、低温、真空等，这些苛刻条件，对石化生产设备的制造、维护以及人员素质提出了严格要求，任何一个小的失误都有可能导致灾难性后果；石油化工业装置大型化、生产规模大、连续性强，某一环节发生故障或操作失误，就会牵一发而动全身。此外，由于石化装置技术复杂，设备制造、安装成本高，装备资本密集，一旦发生事故时损失巨大。近年来，我国石化行业发生过多起安全生产重大事故，不仅造成人员的巨大伤亡和财产损失，同时也影响到社会安定、国家及企业的形象和声誉。可见，石化行业如何采取有效措施保障企业安全生产、防治从业人员的职业健康与安全，已经成为刻不容缓的问题。

针对上述情况，石油化工企业必须采取多种措施保障企业安全生产与员工职业健康。一是提高石化企业安全生产与职业健康意识，做到预防为主，防治结合，综合治理；二是建立健全安全与职业健康管理体系，如职业健康与安全委员会、职业健康安全管理体系、安全生产管理制度、安全风险管控机制、事故预防与安全应急机制、设备安全管理、运输安全管理等，从组织与制度上保障企业员工职业健康与安全工作的顺利推进；三是开展安全与职业健康教育与培训，培育安全与健康文化，宣传、普及安全与职业卫生知识，提高企业员工的职业病防范意识和自我保护能力；四是推进员工健康体检，建立员工健康档案，及时发现并预防职业病的发生；五是加强企业安全生产投入，做好安全隐患排查、安全应急演练等工作，确保企业与员工安全，降低企业运营风险。

（三）节能减排与应对气候变化

石油化工业产品已经广泛覆盖人类的生产和生活，并带来很大的便捷，但其属于高耗能、高污染、高排放行业，对能源资源使用、污染物排放、气候变化产生很大影响。石化行业生产过程条件苛刻，如高温、高压、低温等，对水、电等资源需求量大。石化行业因其生产使用的原料、中间产品、最终产品、副产品大多为危险化学品，在生产过程中经过多道化学程序，易产生二氧化硫、氮氧化物等有毒有害气体、烟尘、工业粉尘、噪声、含油污水、有毒有害废弃物等，如果处理不当，严重危害生态环境，如雾霾天气、水污染、固体废弃物污染、地下水污染、噪声污染等。同时，在能源消耗、产品使用、废气排放过程中，产生包含二氧化碳在内的温室气体排放，温室气体一旦超出大气标准，便会造成温室效应，使全球气温上升，威胁人类生存。可见，石油化工业履行环境责任的必要性和重要性。

《石化和化学工业"十二五"发展规划》明确提出，发展循环经济，推行清洁生产，加大节能减排力度，推广新型、高效、低碳的节能节水工艺，积极探索有毒有害原料（产品）替代，提高资源能源利用效率，减少污染物产生和排放。

因此，石油化工企业应积极履行环境责任，推行节能减排与应对气候变化，加强产品的绿色全生命周期管理，降低温室气体排放，降低企业在生产、运营、消费等过程中对环境的污染。在能源开发与产品研发阶段，积极开发利用清洁能源、减少或禁止使用有毒有害物质，研发环境友好型化工产品，在"源头控制"上降低能源和化工产品使用过程中的温室气体排放，减少对环境的危害；在采购阶段，采购低碳环保材料；在生产阶段，积极研发和使用环保技术和设备，加大高耗能设备改造与淘汰，降低能源消耗，提高能源资源使用率，节约能源资源（包括水、电等）；积极采用诸如污水净化、脱硫脱硝等环保技术，减少"三废"（废水、废气、废渣）排放，注重废水、废气、废渣的循环再利用，发展循环经济；在运输阶段，推行绿色运输，推广绿色包装与包装回收再利用，合理规划运输线路，降低在运输过程中排放的温室气体；在使用阶段，向消费者普及产品环保知识，并注明产品环保期限，且通过前期的绿色环保产品设计，提高产品效能，同时降低产品在使用过程中产生的排放等温室气体；在回收阶段，制定科学的废旧产品回收处理机制，促进产品的循环再利用。此外，石化企业应积极响应新形势发展，加大碳减排技术研发，发展二氧化碳驱油与埋存等重要低碳技术，降低自身生产运营中的碳排放；积极推进市场化节能减排，参与碳市场交易。企业必须在产品全生命周期管理内的每一个环节注重环保，降低企业在运营过程中对环境的负面影响。

（四）科技创新

如前文所述，当前面临着化石能源有限、能源需求不断增长的供需矛盾，以及在能源生产与消费过程中产生的环境污染、气候变化等挑战，要求石油化工企业在提高常规能源供应与利用率的基础上，加大清洁能源、新能源开发，改善能源生产和消费结构。目前，剩余探明可采取储量多为低渗、岩性等难采油气藏，新增油气储量日益下降，勘探开发环境日益复杂，开采难度不断加大，这些客观环境导致对石油化工企业的油气勘探开发技术要求很高。对于诸如页岩气、煤层气、地热能、生物燃料的开发与研发，我国石油化工企业在储备技术和经验上还需要进一步提升和改进。

《石化和化学工业"十二五"规划》明确指出，石化中的化工产品仍以中低端和通用品种为主，高端产品短缺。新技术产品产业化进程较慢，缺少具有知识产权的核心技术。部分大型成套技术设备和高端产品主要依赖进口，化工新材料及其部分单体缺口严重。此外，在炼油、化肥等行业仍存在一定比例的落后产能，技术装备水平低，原料配套条件差，影响行业整体竞争力。因此，石油化工企业必须加强关键技术和大型成套装备研发，提高科技创新对产业发展的支撑和引领作用；加快化工新材料、石油替代、低碳环保等新兴产业技术的研发和产业化步伐；加大传统产业的技术改造力度，提升产业整体技术与装备水平。

提高石油化工企业科技创新能力，推进产业升级，首先应该加大科技研发投入，培养技术人才，为提高产业创新能力提供资金和人力保障；完善科技创新体系，搭建创新科技平台，完善科技创新制度管理，以企业为主体，以市场为导向，坚持产学研用相结合，集合多方资源助力科技创新；突破核心关键技术，研发高端技术产品，健全知识产权保护制度与管理，提高产业核心竞争力。

（五）供应链责任

伴随着信息技术、网络技术的迅猛发展，以全球化、信息化、网络化、数字化为显著特征的新经济时代已经来临，石油化工业的竞争日趋激烈，已经从个体企业的竞争演变成包含供应链在内的综合竞争。产品研发、质量管控、环境保护等已经不再只是个体企业本身的问题，还涉及其供应链的问题。因此，石油化工企业的社会责任不能局限于企业自身，必须要把责任延伸到供应链层面，才能最大程度地促进整个行业的履责绩效。

对于石油化工企业而言，其供应链是指通过信息流、物流、资金流的控制，从油气勘探、油气田开发、钻井工程、采油工程、油气集输、原油储运、石油炼制、化工生产到最终产品，最后由销售网络把产品送到消费者手中，将供应商、承包商，直到最终用户连成一个整体的网链结构模式。由于供应商、承包商是石油化工行业供应链的重要主体之一，因此，石油化工业必须从供应商、承包商开发选择、绩效评估、绩效改进、带动履责和共同发展等多方面积极践行供应链责任。如开展供应商、承包商调查和审核，帮助供应商、承包商提高竞争力；制定对供应商、承包商的审核标准，包括对劳工、职业健康与安全、产品质量、环境等方面的审核标准，并定期开展调查和审核，对未通过审核的采取协助改善的措施，助力供应商、承包商达到标准。除对供应商、承包商进行调查和审核外，石油化工企业通过沟通、培训和共同改善项目，提升供应商、承包商市场竞争力，促进供应商、承包商获得更好的发展。此外，石油化工企业应积极采取措施，提升供应商、承包商社会责任意识和水平，带动其践行社会责任，共同为提升产品质量和服务、生态文明建设、社会和谐发展贡献力量。

第二章　石油化工业社会责任报告特征

一、国际石油化工业社会责任报告特征

企业社会责任报告是企业非财务信息披露的重要载体，它披露了企业经营活动对经济、环境和社会等领域造成的直接和间接影响，企业取得的成绩及不足等信息。同时，企业社会责任报告是企业与利益相关方沟通的重要桥梁。随着产品质量与安全、职业健康和节能环保等问题越来越引起社会的关注，企业经营环境的日趋复杂，传统的以股东利益最大化为目标的运营方式已经不能满足当前的市场需求。同时，从企业内部运营的需要出发，越来越多的企业注重社会责任报告的发布和责任践行。因此，国际上出台了企业社会责任报告编写指南，为企业社会责任报告的编制提供了科学规范的指导建议。

由于国外的社会责任发展较早，理念较为成熟。国际大型石油化工企业早在20世纪末和21世纪初陆续发布年度社会责任或可持续发展报告与外界进行沟通。鉴于此，分析国外石油化工业社会责任报告的特征和发展趋势，通过借鉴和学习国际石油化工企业的社会责任报告和实践经验，将有助于进一步提升我国石油化工业的社会责任水平。根据国际石油化工业在《财富》500强中的排名情况，以及 RobecoSAM① 公司发布的年度可持续性年鉴对油气企业的评价，选取以下在

---

① RobecoSAM 是专注于可持续性投资的专业投资机构，每年发布《可持续年鉴》，回顾企业上一年度的可持续性表现，并按照金、银、铜奖的等级对企业进行排名，59 个行业中表现最为出色的公司会被授予"RobecoSAM 行业领跑者"（RobecoSAM Industry Leader）称号。2014 年，RobecoSAM 油气行业没有银奖获得者，因此本书只选择了金奖和铜奖企业。

可持续发展方面具有优异表现的 6 家企业作为研究对象，并对其报告进行特征分析。国际石油化工企业社会责任报告基本信息如表 2–1、表 2–2 和表 2–3 所示，6 家国际石油化工企业的简介如表 2–4 所示。

表 2–1 国际石油化工业样本企业基本信息（1）（2014 年）

500 强排名	公司名称	总部所在地	营业收入（百万美元）	首份年度报告	首份报告页码
1（2）	荷兰皇家壳牌石油公司（SHELL）	荷兰	459599.0	1998 年	64
2（5）	埃克森美孚公司（EXXON MOBIL）	美国	407666.0	2002 年	41
3（6）	英国石油公司（BP）	英国	396217.0	1998 年	53
4（11）	道达尔公司（TOTAL）	法国	227882.7	2004 年	57

表 2–2 国际石油化工业样本企业基本信息（2）（2014 年）

RobecoSAM 行业领跑者	公司名称	总部所在地	首份年度报告	首份报告页码
金奖	泰国石油公司（Thai Oil PCL）	泰国	2009 年	32
铜奖	英国天然气集团（BG Group PLC）	英国	2001 年	44

表 2–3 国际石油化工业样本企业社会责任报告基本信息[①]

企业名称	报告名称	参考标准	页码	报告发展历程	第三方审验
SHELL	2013 可持续发展报告	GRI3.1[②]	41	1998~2004 年：壳牌报告（内容为可持续发展） 2005~2013 年：壳牌可持续发展报告，多语种报告+简版报告	GRI A⁺
EXXON MOBIL	2013 企业公民报告	IPIECA/API[③] GRI3.1	84	2002~2013 年：企业公民报告+多地区的公民报告+简版报告	LRQA[④]
BP	2014 可持续发展报告	IPIECA/API GRI3 UNGC[⑤]	52	1998~2002 年：环境与社会报告 2003 年：可持续发展报告（英语、德语） 2004~2014 年：可持续发展报告（多语种）	独立保证意见声明书
TOTAL	2013 社会责任报告	—	60	2004~2006 年：社会责任报告 2007~2011 年：环境与社会报告 2012~2013 年：社会责任报告	—
Thai Oil PCL	2013 可持续发展报告	GRI4 UNGC	88	2009~2010 年：社会责任报告 2011~2013 年：可持续发展报告	LRQA

① 截至《石油化工业指南 3.0》出版前，目标企业发布的报告为其最新的社会责任报告。
② 全球报告倡议组织（GRI）发布的《可持续性发展报告指南》，GRI3 为 2006 年出版，GRI4 为 2013 年升级版。
③ IPIECA、API 联合发布的《石油和天然气行业自愿发布可持续报告指南》。
④ 英国劳氏质量认证机构。
⑤ 联合国全球契约十项原则。

续表

企业名称	报告名称	参考标准	页码	报告发展历程	第三方审验
BG Group PLC	2014 可持续发展报告	GRI3.1 IPIECA/API	48	2001~2003 年：社会和环境报告 2004~2007 年：社会责任报告 2008~2014 年：可持续发展报告	DNV[①]

表 2-4　国际石油化工业样本企业简介（6 家）

企业名称	企业简介
SHELL	荷兰皇家壳牌石油公司（SHELL），是目前世界第一大石油公司，总部位于荷兰海牙和英国伦敦，由荷兰皇家石油与英国的壳牌两家公司合并组成。它是国际上主要的石油、天然气和石油化工的生产商，同时也是全球最大的汽车燃油和润滑油零售商
EXXON MOBIL	1999 年美孚石油和埃克森石油合并为埃克森美孚公司，是世界最大的非政府石油天然气生产商，总部设在美国德克萨斯州爱文市。在全球拥有生产设施和销售产品，在六大洲从事石油天然气勘探业务；在能源和石化领域的诸多方面位居行业领先地位
BP	BP 是世界上最大的石油和石油化工集团公司之一。由前英国石油、阿莫科、阿科和嘉实多等公司整合重组形成，是世界上最大的石油和石化集团公司之一。公司的主要业务是油气勘探开发、炼油、天然气销售和发电、油品零售和运输，以及石油化工产品生产和销售
TOTAL	道达尔（TOTAL）是全球大型石油化工企业之一，在全球超过 110 个国家开展润滑油业务，业务遍及 120 余国家，员工总数 12 万多人。2003 年 5 月 7 日全球统一命名为道达尔（TOTAL），总部设在法国巴黎，旗下由道达尔（TOTAL）、菲纳（FINA）、埃尔夫（ELF）三个品牌组成。道达尔（TOTAL）连续 10 年入选道琼斯世界可持续发展指数（DJSI World），自 2005 年起入选道琼斯欧洲指数，自 2001 年起入选富时社会责任指数（FTSE4Good）
Thai Oil PCL	泰国石油公司（Thai Oil）是世界领先的综合能源公司之一，是泰国原油精炼和成品油供应的主要公司之一，业务包括炼油、润滑油生产、化工产品、运输以及发电。泰国石油公司（Thai Oil）2013 年入选道琼斯世界可持续发展指数（DJSI World），成为可持续发展的行业领先者
BG Group PLC	英国天然气集团（BG）成立于 1997 年，拥有 5200 名员工，在全球 20 个国家开展业务，主要业务为国际能源勘探开发和 LNG 业务。英国天然气集团（BG）自 2000 年入选道琼斯世界可持续发展指数（DJSI World），是英国唯一入选 DJSI 领导者行列的企业；自 2001 年起入选富时社会责任指数（FTSE4Good），2013 年成为富时指数里油气行业的领导者

（一）报告发布时间较早，且内容更加完整，全面反映企业在责任管理、实践和绩效以及利益相关方沟通方面的表现

根据表 2-1 和表 2-2，我们可以发现，大部分国际石油化工企业社会责任报

---

① 挪威船级社。

告历史较悠久，首份社会责任报告出现较早，除泰国石油公司以外，另外 5 家国际石油化工企业报告发布历史均超过 10 年，如壳牌石油公司（SHELL）自发布 1998 年《壳牌报告》以来已经连续 16 年向社会披露信息，英国石油公司（BP）自发布 1998 年度环境与社会报告以来，连续 17 年向社会披露社会责任信息，体现了壳牌石油公司（SHELL）以及英国石油公司（BP）作为国际领先石油化工企业与利益相关方真诚沟通的态度，为石油化工业同行企业树立了良好的榜样。

在完整性方面，国际石油化工企业全面反映了企业在经济、社会和环境责任的实践和绩效。如英国天然气集团（BG）在 2014 年的可持续发展报告中全面披露公司在安全健康运营、环境和气候变化、员工发展和社区贡献以及人权等方面的内容；国际石油化工企业在披露企业的经济、社会和环境责任实践及绩效之外，还特别注重披露自身在责任管理、核心议题分析以及利益相关方参与等方面的实践，如泰国石油公司（Thai Oil）在 2013 年的可持续发展报告中披露了其可持续发展管理的组织和职责，以及可持续发展管理的监测和评估工作；埃克森美孚公司（EXXON MOBIL）在 2013 年的企业公民报告中详细披露了其核心社会责任议题的分析过程，以及在核心议题上的机遇和挑战；此外，埃克森美孚公司（EXXON MOBIL）特别披露了其促进利益相关方参与和沟通的方法及途径，以及外部公民顾问小组的人员组成。

（二）报告议题具有实质性，聚焦于产品供应、环境保护、气候变化、安全生产和社区责任等议题

如表 2-5 所示，国际石油化工业社会责任报告聚焦于产品供应、环境保护、气候变化、安全生产、社区责任和价值链等实质性议题。同时，从表 2-5 可以进一步发现，国际石油化工业社会责任报告的关键议题也体现了石油化工业的行业特性。

表 2-5　国际石油化工业社会责任报告聚焦的实质性议题（2011~2014 年）

关键议题	产品供应	环境保护	气候变化	安全生产	社区责任	价值链	员工责任	科技创新	海外专题
SHELL	√	√	√	√	√	√		√	√
EXXON MOBIL	√	√	√	√	√	√	√	√	√
BP	√	√	√	√	√	√			
TOTAL	√	√	√	√	√	√			
Thai Oil PCL	√	√	√	√	√		√		
BG Group PLC	√	√	√	√	√	√	√	√	

在产品供应方面，国际石油化工企业在报告中披露能源和石油化工品供应信息。其中，在能源供应方面，除了披露在常规能源领域的勘探开发和生产活动之外，还注重披露在非常规能源领域的运营活动，如致密气、油砂、生物燃料和太阳能等。如壳牌（SHELL）在巴西大规模投资开发先进的生物燃料，在包括阿根廷、土耳其和乌克兰等在内的多个国家进行致密气/油开采项目的勘探，在卡塔尔运用天然气制油技术，利用天然气生产一系列油品，包括用于交通运输的清洁燃油和可以用来生产化工产品及润滑油的原料（见表 2-6）。道达尔（TOTAL）在智利北部的阿塔卡玛地区开发 70 兆瓦的太阳能发电厂，在南非北开普省的普利斯卡建立 86 兆瓦的太阳能发电厂，以清洁能源满足地区日益增长的用电需求。

表 2-6 壳牌的能源供应专题（2013 年）

能源供应	天然气
	致密气
	液化天然气
	深水
	油砂
	生物燃料

在环境保护方面，溢油漏油、水管理以及对生态的保护和恢复是国际石油化工企业非常关注的议题。如泰国石油公司（Thai Oil）严格遵守 ISO9001、TIS/ISO18001、ISO14001 等规则，严格控制氮氧化物和二氧化硫等的排放，严格管控废水和废物的排放，降低化学需氧量，减少废物排放，对废物进行分类、再利用和回收。特别是在水管理方面，对生产活动中的水进行全生命周期管理，开展水的风险管理，进行水质量和水消耗的记录和汇报，统计水资源节约量，评估水资源管理的效果。

在社区责任方面，国际石油化工企业注重企业海外运营地的责任实践，以专题形式集中呈现。在所选的 6 家国际石油化工企业的社会责任报告中，有 5 家披露了企业在海外运营点的社会责任实践。壳牌（SHELL）在 2013 年的可持续发展报告以专题的形式披露了其在伊拉克、阿拉斯加和尼日利亚的履责情况，包括地区运营情况、促进当地就业和发展、在当地开展健康和教育援助和培训、对当地进行环境保护等。道达尔（TOTAL）在 2013 年的社会责任报告中同样以专题的形式披露了其在乌干达、加拿大、安哥拉和拉克地区的履责情况。在乌干达地区，道达尔（TOTAL）通过分析当地社区的现状，鼓励当地社区与道达尔展开对话，表达自身诉求，通过持续沟通，道达尔明确当地亟须解决的四个问题，包括用水、能源普及、支持当地商业发展和帮助当地居民提高技能。道达尔（TOTAL）在乌干达的专题中重点呈现对当地生态环境的保护和恢复，如对乌干达默奇森瀑布国家公园的研究和保护项目。

（三）报告披露大量数据指标，具有"用数据说话"的显著特点

国际石油化工企业社会责任报告一个显著特点是披露大量的数据，用数据说明企业社会责任成效，这与采用全球报告倡议组织（GRI）标准密切相关，特别是属于 RobecoSAM 行业领跑者的企业，如泰国石油公司 2013 年的可持续发展报告披露了 2010~2013 年共 4 年的 106 个关键绩效数据（见表 2-7），英国天然气集团 2014 年的可持续发展报告披露了 2010~2014 年共 5 年的 165 个关键绩效数据。[①]

表 2-7　泰国石油公司可持续发展报告定量绩效指标举例（2013 年）

一级指标	二级指标	三级指标
经济绩效	创造经济价值	总收入
		运营成本
		员工工资和福利
		净利润
		总资产
	行为准则	违反行为准则的个数
		员工行为准则培训比率
安全绩效	职业健康和安全	总可记录的工伤率
		承包商总可记录的工伤率
		损失工时工伤率
		承包商损失工时工伤率
		员工死亡率
员工绩效	员工总数	按性别的员工总数
		按区域的员工总数
		新增员工总数
	员工离职	分年龄的员工离职数
		员工离职率

---

① 此处定量数据指标数量仅包括统计报告中的关键绩效表数据，不包括报告正文中提到的数据。

续表

一级指标	二级指标	三级指标
	员工培训	员工总培训时长
		管理层和非管理层员工培训时长
社区绩效	社区发展	社区总投入
	供应链管理	本地采购
	能源管理和温室气体	总能源消耗
		总温室气体排放量
	空气	氮氧化物排放量
		二氧化硫排放量
环境绩效		可挥发性有机物排放量
		颗粒物排放量
	水	总水耗
		废水排放总量
		化学需氧量
	废弃物	有害废物总量及回收量
	泄漏	石油和化学物泄漏例数

（四）报告形式多样，发布多语种和简版报告且报告设计体现可读性、便捷性

在选择的 6 家国际石油化工企业中，有 3 家企业发布了多语种报告、分地区报告和简版报告。壳牌（SHELL）自 2005 年开始发布多语种可持续发展报告，自 2007 年除了发布多语种可持续发展报告之外，开始发布多语种简版报告，2013 年的可持续发展报告有 9 种语言，包括英语、阿拉伯语、中文、荷兰语、法语、日语、葡萄牙语、俄语以及土耳其语。英国石油公司（BP）自 2003 年开始发布多语种报告，2013 年的可持续发展报告有 7 种语言，包括英语、阿拉伯语、中文、德语、葡萄牙语、俄语和西班牙语。埃克森美孚（EXXON MOBIL）自 2004 年开始发布多语种的企业公民报告，并发布了太平洋区企业公民报告，地区涵盖澳大利亚、新西兰、巴布亚新几内亚以及各太平洋岛屿。

国际石油化工企业的社会责任报告在设计方面从多个方面体现了较好的可读性。壳牌（SHELL）的报告主体部分由三个板块组成，包括"我们的方法"、"我们的活动"和"我们的绩效"，从壳牌（SHELL）遵守的原则、可持续发展的目标到具体的运营活动以及最终绩效的呈现，整体布局清晰明了，且壳牌（SHELL）的 PDF 版报告将目录设置成书签，方便读者快速在报告不同板块切换。英国石

油公司（BP）报告的主体色为公司 LOGO 色，突出公司的特色，另外在报告每章均以"我们曾经承诺要做的事"、"我们当前的进展"和"我们的下一步计划"为开端，呈现公司是否实现了曾经的承诺以及未来的实践方向和目标。另外，由于报告篇幅有限，不能呈现公司全部的履责实践，英国石油公司（BP）在报告中加入超链接，方便读者快速获取企业的更多履责信息。

（五）报告编制科学，严格参照国际标准披露信息，聘请第三方专门机构审验报告，确保内容的真实性

国际石油化工企业近年来发布的社会责任报告都严格参照国际标准披露信息，包括 IPIECA 和 API 联合发布的《石油和天然气行业自愿发布可持续报告指南》，GRI 的《可持续性发展报告指南》以及联合国全球契约十项原则等。

通过外部审验证明报告信息的真实可信，是多数企业采用的一种方法。从表2-3 可以看出，在所选的国际石油化工企业中，有 5 家企业采取不同方式对报告进行审验或评估。壳牌（SHELL）始终坚持遵循全球报告倡议组织（GRI）的框架，以此确保内容的完整性和结构的规范性，在披露范围、披露时间、披露内容、编制形式等方面与前后各期保持一致，使得报告具有纵向可比性，这使得壳牌（SHELL）的报告达到了 GRI3.0 的最高类别，即应用水平类的 A+级；埃克森美孚（EXXON MOBIL）和泰国石油（Thai Oil）均通过了英国劳氏质量认证机构（LRQA）的认证；英国天然气集团（BG）通过了挪威船级社（DNV）的认证；英国石油公司（BP）则采用独立保证意见声明书的形式对报告内容的真实可信做出保证。从这一角度看，国际石油化工企业对社会责任报告的质量保证十分重视，关注为利益相关方提供真实有效的信息，取得利益相关方的认可。

二、国内石油化工业社会责任报告特征

根据国内石油化工企业发布社会责任报告的情况，我们选择了包括中国石油化工集团公司、中国石油天然气集团公司、中国海洋石油总公司、陕西延长石油（集团）有限责任公司、LG 化学（中国）投资有限公司等 11 家企业作为样本分

析国内石油化工业的社会责任报告特征。表 2-8 是 11 家企业的基本信息，表 2-9 是 11 家企业社会责任报告的基本信息。

表 2-8　国内石油化工业样本企业基本信息①

编号	公司名称	企业性质	首份年度报告	首份报告页码
1	中国海洋石油总公司（简称"中海油"）	国有	2005 年	52
2	中国石油化工股份有限公司（简称"中国石化股份"）	国有	2006 年	26
3	中国石油天然气集团公司（简称"中石油"）	国有	2006 年	69
4	中国石油天然气股份有限公司（简称"中石油股份"）	国有	2006 年	48
5	中海油田服务股份有限公司（简称"中海油服"）	国有	2006 年	2
6	中国石油化工集团公司（简称"中国石化"）	国有	2007 年	60
7	中国石化上海石油化工股份有限公司（简称"上海石化"）	国有	2008 年	5
8	山东胜利股份有限公司（简称"胜利股份"）	国有	2009 年	1
9	陕西延长石油（集团）有限责任公司（简称"延长石油"）	国有	2011 年	58
10	LG 化学（中国）投资有限公司（简称"LG 化学（中国）"）	外资	2012 年	62
11	中国石化胜利油田（简称"胜利油田"）	国有	2013 年	54

表 2-9　国内石油化工业样本企业社会责任报告基本信息②

企业名称	报告名称	参考标准	页码	报告发展历程
中海油	2014 可持续发展报告	《关于中央企业履行社会责任的指导意见》③ GRI3.1 《CASS-CSR3.0》④ ISO26000⑤ IPIECA/API UNGC	124	2005~2007 年：可持续发展报告（中）2010~2011 年：年报暨可持续发展报告（中、英）2009 年、2012~2014 年：可持续发展报告（中、英）

---

① 按照首份年度报告时间排序。
② 截至《石油化工业指南 3.0》出版前，目标企业发布的报告为其最新的社会责任报告。
③ 国务院国有资产监督管理委员会《关于中央企业履行社会责任的指导意见》。
④ 中国社会科学院经济学部企业社会责任研究中心发布《中国企业社会责任报告编写指南》，分别于 2009 年 12 月、2011 年 3 月和 2014 年 1 月发布《CASS-CSR1.0》、《CASS-CSR2.0》和《CASS-CSR3.0》一般框架。
⑤ 国际标准化组织（ISO）《社会责任指南：ISO26000（2010）》。

续表

企业名称	报告名称	参考标准	页码	报告发展历程
中国石化股份	2014 可持续发展进展报告	《公司履行社会责任的报告编制指引》① 《CASS-CSR3.0》 UNGC	46	2006~2011 年：可持续发展报告（中、英） 2012~2014 年：可持续发展进展报告（中、英） 2012 年：环境保护白皮书
中石油	2013 社会责任报告	《关于中央企业履行社会责任的指导意见》 GRI4 《CASS-CSR2.0》 ISO26000 IPIECA/API	65	2006~2014 年：社会责任报告（中、英） 2001~2013 年：健康安全环境报告 2008 年：中国石油（哈萨克斯坦）可持续发展报告 2010 年：中国石油在苏丹报告 2011 年：中国石油在印度尼西亚报告 2013 年：中国石油在拉美报告 2014 年：西气东输（2002~2013）企业社会责任专题报告
中石油股份	2014 可持续发展报告	《公司履行社会责任的报告编制指引》 《环境、社会及管治报告指引》② GRI4 IPIECA/API UNGC	69	2006~2009 年：社会责任报告（中、英） 2010~2014 年：可持续发展报告（中、英）
中海油服	2014 可持续发展报告	GRI4 《CASS-CSR3.0》 《环境、社会及管治报告指引》 UNGC	56	2006~2013 年：社会责任报告 2014 年：可持续发展报告（中、英）
中国石化	2013 企业社会责任报告	《关于中央企业履行社会责任的指导意见》 GRI3 《CASS-CSR3.0》 IPIECA/API	101	2007~2013 年：企业社会责任报告（中、英） 2014 年：中国石化页岩气开发环境、社会、治理报告 2012 年：中国石化在巴西（中、英、葡） 2013 年：中国石化在非洲（中、英）
上海石化	2014 企业社会责任报告	ISO26000 IPIECA/API 《环境、社会及管治报告指引》	59	2008~2014 年：企业社会责任报告
胜利股份	2014 社会责任报告	《深圳证券交易所上市公司规范运作指引》	27	2009 年：年报（含社会责任报告） 2010~2014 年：社会责任报告
延长石油	2013 社会责任报告	《关于中央企业履行社会责任的指导意见》 GRI3.1 《CASS-CSR3.0》 ISO26000	70	2011~2013 年：社会责任报告

① 上海证券交易所《公司履行社会责任的报告编制指引》。
② 香港联合交易所有限公司发布的《环境、社会及管治报告指引》。

续表

企业名称	报告名称	参考标准	页码	报告发展历程
LG 化学（中国）	2013 社会责任报告	GRI4《CASS–CSR3.0》ISO26000	67	2012~2013 年：社会责任报告
胜利油田	2013 社会责任报告	GRI3.1 IPIECA/API《CASS–CSR3.0》	54	2013 年：社会责任报告

通过观察国内石油化工企业社会责任报告的基本情况和趋势，本书总结并分析了国内石油化工企业社会责任报告的四个特征：一是报告结构日趋完整，内容日益丰富，企业间差距缩小；二是报告议题与国际保持同步，同时体现自身特色；三是大型国企从单一报告发展为多语种、地区报告以及专项报告；四是报告完整性有待进一步完善，所有报告均无第三方审验。

（一）报告内容日益丰富，结构日趋完整，企业间差距缩小

国内石油化工企业社会责任报告披露内容日益完整，且主要体现在两个方面：一是报告框架的完整性；二是报告页数的增多。报告框架的完整性主要反映了企业履行经济、社会和环境责任的绩效，披露信息更加全面。中国石化、中石油、中海油及其上市公司较早发布第一份社会责任报告，且内容已经比较丰富，如中国石化第一份社会责任报告年份为 2007 年，内容分为"保障供应责任"、"安全环保责任"、"员工发展责任"、"奉献社会责任"。2013 年报告的框架进一步完善，包括"清洁能源"、"安全生产"、"生态文明"、"关爱员工"、"伙伴责任"、"和谐社会"和"海外社会责任报告"。而较晚开始发布报告的企业的第一份社会责任报告内容已经比较完整，如 LG 化学（中国）的首份年度社会责任报告主体内容包括"责任管理"、"守法合规"、"顾客第一"、"员工成长"、"环境经营"和"和谐成长"。

从图 2-1 可以看出，国内石化企业的第一份社会责任报告与最新一份社会责任报告相比，报告页数均有所增加，企业间报告质量的差距逐渐缩小。特别是中国石化胜利油田、中海油服、中国石化上海石化分别从 1 页、2 页和 5 页增加到 27 页、56 页和 59 页，相应的内容也更加完整和丰富。如中海油服第一份社会责任报告仅简单介绍了员工、节能减排和公益方面的内容，而 2014 年的可持续发

展报告，则从"风险管理"、"HSE 管理"、"可持续发展能力提升"、"供应链管理"、"员工发展"到"社会贡献"全面披露企业在核心社会责任议题上的管理、实践和绩效。

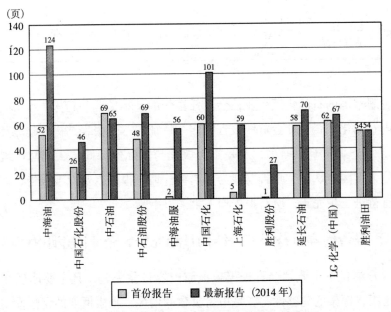

图 2-1 国内石油化工企业社会责任报告页码对比

（二）报告议题与国际保持同步，同时体现自身特色

表 2-10 国内石油化工业社会责任报告聚焦的实质性议题（2011~2014 年）

关键议题	产品供应	环境保护	气候变化	安全生产	员工责任	伙伴责任	社会公益	海外履责
中海油	√	√	√	√	√	√	√	√
中国石化股份	√	√	√	√	√	√	√	√
中石油	√	√	√	√	√	√	√	√
中石油股份	√	√	√	√	√	√	√	√
中海油服	—	√	√	√	√	√	√	√
中国石化	√	√	√	√	√	√	√	√
上海石化	√	√	√	√	√	√	√	√
胜利股份	√	√	√	√	√	√	—	√
延长石油	√	√	—	√	√	√	√	—
LG 化学（中国）	√	√	√	√	√	√	√	—
胜利油田	√	√	√	√	√	√	√	—

从表 2-10 可以看出，国内石油化工企业关注的社会责任议题包括产品供应、环境保护、气候变化、安全生产、员工责任、伙伴责任、社会公益以及海外履责，议题全面且与国际石油化工企业保持同步。在产品供应方面，国内石油化工企业重点披露在清洁能源开发和投资方面的实践，如中国石化 2013 年的社会责任报告中披露了公司在天然气产业发展和煤炭清洁利用方面的制度和措施，以及公司在页岩油气、生物燃料、煤化工、地热能开发技术、生物航煤等领域的进展。同时，披露了公司在石油化工产品供应方面的信息，以推进产业链可持续发展，满足社会对石化产品的需求。在气候变化方面，国内石油化工企业重点披露生产过程碳排放，碳减排技术研发，推进市场化节能减排，二氧化碳进行捕集、利用和封存（CCUS）等，与国际石油化工企业报告披露议题保持一致，如 LG 化学（中国）通过 GEMS（温室气体管理系统）积极有效地推进建设低碳节能企业。

同时，国内石油化工企业在能源供应、环境保护和社会公益上也体现出自身特色。在能源供应方面，由于油品质量升级是国内消费者特别关注的一个议题，国内石油化工企业特别在报告中积极回应，披露自身在油品升级方面的实践和成绩。另外，由于我国是农业大国，农忙时节市场对农用燃油的需求非常大，国内的石油化工企业肩负着保供的责任，因此在报告中特别披露企业在农忙时期的油品供应。在环境保护方面，因为雾霾问题引起民众极高的关注，石油化工企业在报告中积极披露企业在治理空气污染，应对雾霾方面的措施，回应社会关切。

（三）大型国企从单一报告发展为多语种、地区报告以及专项报告

从表 2-8 和表 2-9 可以看出，国内大型石油化工企业在 2005~2007 年发布第一份社会责任报告后，在近 10 年的发展中，逐渐从发布单一报告发展为多语种、多地区报告和专项报告，有针对性地开展社会责任沟通。中国石化集团除了在社会责任报告中以"海外专题"的形式披露公司在海外的履责情况，还发布地区报告，如 2012 年发布《中国石化在巴西》（中文、英文、葡萄牙文），2013 年发布《中国石化在非洲》（中文、英文），从业务发展、安全生产、保护当地环境、关爱员工和社区参与 5 个方面披露中国石化在巴西和非洲的履责实践。另外，随着中国第一个大型页岩气田——涪陵页岩气田的开发，中国石化于 2014 年发布了《中国石化页岩气开发环境、社会、治理报告》，披露中国石化涪陵页岩气开发项目在页岩气安全开发、保护当地环境、社区沟通等方面的实践，回应公众的知情

诉求。中石油 2010 年发布《中国石油在苏丹报告》，2011 年发布《中国石油在印度尼西亚报告》，2013 年发布《中国石油在拉美报告》，披露中石油在海外运营地的履责实践。中海油在每年的社会责任报告中以专题的形式披露公司在海外的履责实践，包括海外合规管理、技术创新、HSE 管理、海外员工责任、融入当地社区等。

（四）报告编制科学性有待进一步完善，所有报告均无第三方审验

国内石油化工企业社会责任报告在结构完整性上呈现出参差不齐的现象，从表 2–11 可以看出，国内石油化工企业在报告说明、责任管理、履责实践以及关键绩效方面披露比例较高，100%的企业披露了履责实践的信息，90%的企业对报告信息进行了说明，81%的企业在报告中披露了责任管理相关信息，73%的企业在报告中集中披露了社会责任关键绩效；国内石油化工企业社会责任报告在指标索引、报告评价和第三方审验方面披露较少，54%的企业根据参考标准披露报告的指标索引，45%的企业披露了报告评价信息，所有国内样本企业均没有邀请第三方机构对报告信息进行审验。由此看见，国内石油化工企业的社会责任报告注重对自身履责实践的披露，但缺少对报告信息披露的规范性以及报告的外部评价和报告可信度的说明。国内石油化工业社会责任报告的编制水平还不够科学，规范性还有待进一步提升。

表 2–11　国内石油化工业样本企业最新社会责任报告完整性

报告完整性	报告说明	责任管理	履责实践	关键绩效	指标索引	报告评价	第三方审验
中海油	√	√	√	√	√	√	—
中国石化股份	√	√	√	√	√	√	—
中石油	√	√	√	√	√	√	—
中石油股份	√	√	√	√	—	—	—
中海油服	√	√	√	√	√	—	—
中国石化	√	√	√	√	√	√	—
上海石化	√	√	√	√	√	—	—
胜利股份	√	—	√	√	—	—	—
延长石油	√	√	√	—	—	—	—
LG 化学（中国）	√	√	√	√	—	√	—
胜利油田	—	—	—	—	—	—	—

第三章 石油化工业社会责任议题

石油化工业具备自身行业特征，社会责任议题的一般指标并不能完全说明或衡量石油化工业的企业社会责任绩效。因而，在社会责任议题一般指标的基础之上，我们研究开发了反映行业特性的指标体系。按照社会责任议题一般框架，通用指标体系由报告前言、责任管理、市场绩效、社会绩效、环境绩效与报告后记六部分组成（见图3-1）。而石油化工业社会责任指标体系在市场绩效、社会绩效和环境绩效方面与通用指标体系大有不同。

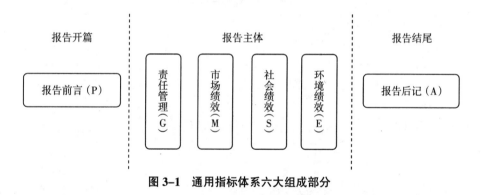

图3-1 通用指标体系六大组成部分

一、市场绩效（M系列）

表3-1 市场绩效

一般框架指标		石油化工业指标	
股东责任（M1）	股东权益保护	股东责任（M1）	股东权益保障
	财务绩效		经营绩效

续表

一般框架指标		石油化工业指标	
客户责任（M2）	基本权益保护	客户责任（M2）	产品责任
	产品质量		客户服务
	产品服务创新		科技创新
	客户满意度		—
伙伴责任（M3）	促进产业发展	伙伴责任（M3）	价值链责任
	价值链责任		责任采购
	责任采购		供应商/承包商责任管理
			诚信经营

二、社会绩效（S 系列）

表 3-2　社会绩效

一般框架指标		石油化工业指标	
政府责任（S1）	守法合规	政府责任（S1）	守法合规
	政策响应		政策响应
员工责任（S2）	基本权益保护	员工责任（S2）	基本权益保护
	薪酬福利		薪酬福利
	平等雇佣		平等雇佣
	职业健康与安全		职业发展
	员工发展		职业健康
	员工关爱		员工关爱
安全生产（S3）	安全生产管理	安全生产（S3）	安全生产管理
	安全教育与培训		安全教育与培训
	安全生产绩效		安全生产绩效
	—		供应链安全管理
	—		运输、设备和公共安全管理
社区参与（S4）	本地化运营	社区责任（S4）	社区发展
	公益慈善		本地化运营
	志愿者活动		社会公益

三、环境绩效（E 系列）

表 3-3 环境绩效

一般框架指标		石油化工业指标	
绿色经营（E1）	环境管理体系	绿色经营（E1）	环境管理
	环保培训		环保培训
	环境信息公开		环境信息沟通
	绿色办公		绿色办公
绿色工厂（E2）	能源管理	绿色工厂（E2）	能源管理
	清洁生产		降污减排
	循环经济		发展循环经济
	节约水资源		—
	减少温室气体排放		—
绿色产品（E3）	绿色供应链	绿色产品（E3）	绿色采购
	绿色低碳产品研发		绿色产品研发
	产品包装物回收再利用		绿色包装与运输
绿色生态（E4）	生物多样性	应对气候变化（E4）	—
	生态恢复与治理	绿色生态（E5）	—
	环保公益	—	—

指标篇

第四章　报告指标详解

《石油化工业指南 3.0》中报告指标体系由六大部分构成：报告前言（P）、责任管理（G）、市场绩效（M）、社会绩效（S）、环境绩效（E）和报告后记（A），如图 4-1 所示。

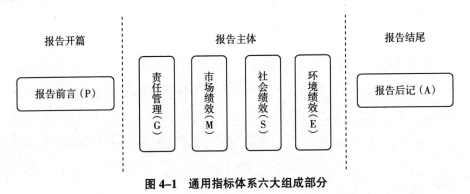

图4-1　通用指标体系六大组成部分

一、报告前言（P 系列）

本板块依次披露报告规范、报告流程、高管致辞、企业简介（含公司治理概况）以及社会责任工作年度进展，如图 4-2 所示。

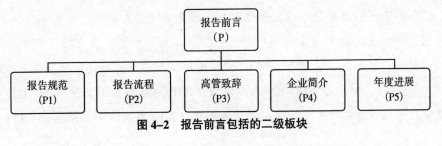

图4-2　报告前言包括的二级板块

（一）报告规范 (P1)

扩展指标　 P1.1 报告质量保证程序

指标解读： 规范的程序是社会责任报告质量的重要保证。报告质量保证程序是指企业在编写社会责任报告的过程中通过什么程序或流程确保报告披露信息正确、完整、平衡。

一般情况下，报告质量保证程序的要素主要包括：

（1）报告是否有第三方认证以及认证的范围；

（2）企业内部的哪个机构是报告质量的最高责任机构；

（3）在企业内部，报告的编写和审批流程。

> **示例：**
>
> 在报告编制方面，报告编制工作小组围绕核心议题制定了报告编制方案、起草了报告提纲、收集并分析有关材料、编写报告内容并征求意见、修改完善，组织编委会审稿，提交第三方评审机构评级，并获董事会审议通过。
>
> ——《中国石油化工集团公司 2013 社会责任报告》(P102)

核心指标　 P1.2 报告信息说明

指标解读： 主要包括第几份社会责任报告、报告发布周期、报告参考标准和数据说明等。

> **示例：**
>
> 本报告是中国石油天然气集团公司 2006 年建立报告发布制度以来，连续第八年发布的社会责任报告，是公司 2013 年履行经济、环境和社会三大责任的真实反映。
>
> 指南参照：本报告按照国务院国有资产监督管理委员会《关于中央企业履行社会责任的指导意见》、《中央企业"十二五"和谐发展战略实施纲要》相关要求，并参照全球报告倡议组织（GRI）发布的《可持续发展报告指南》(G4.0 版)、国际石油行业环境保护协会（IPIECA）和美国石油学会（API）联合发布的《油气行业可持续发展报告指南（2010 年版)》、国际标准化组织

发布的 ISO26000 社会责任指南及《中国企业社会责任报告编写指南（CASS-CSR2.0)》编写。

——《中国石油天然气集团公司 2013 社会责任报告》（扉页）

核心指标 P1.3 报告边界

指标解读： 主要指报告信息和数据覆盖的范围，如是否覆盖下属企业、合资企业以及供应链。

由于各种原因（如并购、重组等），一些下属企业或合资企业在报告期内无法纳入社会责任报告的信息披露范围，企业必须说明报告的信息边界。此外，如果企业在海外运营，需在报告中说明哪些信息涵盖了海外运营组织；如果企业报告涵盖供应链，需对供应链信息披露的原则和信息边界做出说明。

示例：

本报告时间跨度为 2013 年 1 月 1 日至 2013 年 12 月 31 日，所涉及的信息来源于本公司的正式文件和统计报告。本报告与本公司年度报告同时发布，报告中数据如与年报冲突，请以年报为准。

——《中国石化 2013 可持续发展进展报告》（扉页）

核心指标 P1.4 报告体系

指标解读： 主要指公司的社会责任信息披露渠道和披露方式。社会责任信息披露具有不同的形式和渠道。部分公司在发布社会责任报告的同时发布国别报告、产品报告、环境报告、公益报告等，这些报告均是企业披露社会责任信息的重要途径，企业应在社会责任报告中对这些信息披露形式和渠道进行介绍。

示例：

以前报告发布：分别于 2008 年 6 月，2009 年 5 月，2010 年 4 月，2011 年 4 月，2012 年 3 月，2013 年 5 月连续六年发布社会责任报告。本着真实、客观的原则，本报告收集了中国石化 2013 年在履行经济、环境和社会责任方面的重要信息，并在附录中提供了各方面详细的绩效指标和指标索引。为了便于表述和阅读，"中国石油化工集团公司"在本报告中还以

· 39 ·

"中国石化集团"、"中国石化"、"集团"、"公司"、"企业"和"我们"表示。

　　感谢您抽出宝贵的时间阅读本报告，真诚地期待您的反馈意见，以便我们做得更好。您还可以在公司网站上浏览或下载本报告，并了解更多相关信息：www.sinopec.com.

——《中国石油化工集团公司 2013 社会责任报告》（P102）

　　核心指标　　P1.5 联系方式

　　指标解读：主要包括解答报告及其内容方面问题的联络人及联络方式和报告获取方式及延伸阅读。

> **示例：**
>
> 报告联系方式
>
> 地址：北京市朝阳区建国门外大街乙 12 号　双子座大厦西塔 22 层
>
> 电话：+86-10-6563-2114
>
> 邮箱：gaprbj@lgchem.com
>
> ——《LG 化学（中国）2013 社会责任报告》（扉页）

（二）报告流程（P2）

　　扩展指标　　P2.1 报告编写流程

　　指标解读：主要指公司从组织、启动到编写、发布社会责任报告的全过程。完整、科学的报告编写流程是报告质量的保证，也有助于利益相关方更好地获取报告信息。

> **示例：**
>
> 报告编制流程：

本报告编制历时约一年，主要分为议题识别和报告编制两个阶段。

在议题识别方面，对内，通过员工网络问卷调查、社会责任议题征集等收集了内部利益相关方关注的议题；对外，通过企业声誉调研、媒体座谈会、社会监督员座谈会、企业开放日等活动收集了外部利益相关方关注的议题。综合内外部利益相关方和社会责任研究机构的意见，确定了本报告的核心议题。

在报告编制方面，报告编制工作小组围绕核心议题制定了报告编制方案、起草了报告提纲、收集并分析有关材料、编写报告内容并征求意见、修改完善，组织编委会审稿，提交第三方评审机构评级，并获董事会审议通过。

——《中国石油化工集团公司 2013 社会责任报告》(P102)

核心指标 **P2.2 报告实质性议题选择程序**

指标解读： 主要指在社会责任报告过程中筛选实质性议题的程序、方式和渠道，同时也包括实质性议题的选择标准。企业在报告中披露实质性议题选择程序，对内可以规范报告编写过程，提升报告质量，对外可以增强报告的可信度。

示例：

我们在议题选取时采用实质性分析方法，即从利益相关方的关注重点和公司的战略重点两个维度双向评估报告选题的重要性，保证重要议题既照顾

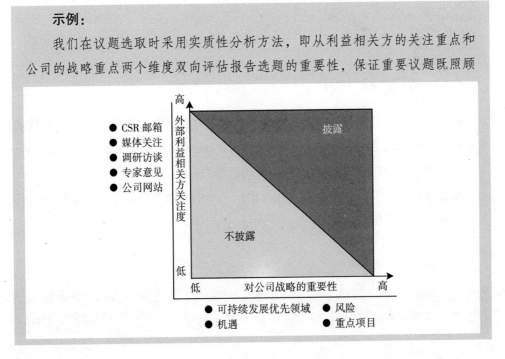

外部利益相关方的关切又兼顾公司的内部战略重点。在以上两方面同时具备较高关注度的选题成为报告的议题，最终对外披露。

——《中国石油天然气集团公司 2013 社会责任报告》（P65）

扩展指标 P2.3 利益相关方参与报告过程的程序和方式

指标解读：主要描述利益相关方参与报告编写方式和程序。利益相关方参与报告编写的方式和程序包括但不限于：

（1）利益相关方座谈会；

（2）利益相关方访谈与调研；

（3）利益相关方咨询等。

示例：

报告改进：为使报告更加客观、全面、重点反映公司的履责实践，2013年报告增加"应对雾霾"、"社区沟通"、"产业链发展"等重要社会责任议题内容。通过对所属企业履责情况进行实地调研，就企业案例的真实性进行筛选核准；在报告编写过程中广泛听取各方意见和建议，积极回应利益相关方关切。

——《中国石油天然气集团公司 2013 社会责任报告》（扉页）

（三）高管致辞（P3）

高管致辞是企业最高领导对企业社会责任工作的概括性阐释。高管致辞代表了企业最高领导人（团队）对社会责任的态度和重视程度。包括两个方面的内容。

核心指标 P3.1 企业履行社会责任的机遇和挑战

指标解读：主要描述企业实施社会责任工作的战略考虑及企业实施社会责任为企业带来的发展机遇以及挑战。

示例：

在刚刚过去的 2013 年，中国石化以"建设人民满意的世界一流能源化工公司"为目标，深入实施资源战略、市场战略、一体化战略、国际化战略、差异化战略和绿色低碳战略，在充满挑战的生产经营环境中砥砺前行，取得了较好的经营业绩，在履行企业社会责任方面不断探索，取得了新的进展。

2013 年中国石化推动社会责任管理全面融入企业生产运营，促进企业与利益相关方在经济、社会和环境方面和谐包容发展。作为联合国全球契约领先企业和关注气候签约方，中国石化积极倡导走绿色低碳发展道路，倡议并协同 60 家企业签署《应对气候变化倡议书》，号召中国企业界领袖共同行动，关注气候，积极履行社会责任，并代表中国企业向国际社会展示中国企业在绿色低碳发展方面作出的努力和取得的成绩。

——《中国石油化工集团公司 2013 社会责任报告》(P2~P3)

核心指标　P3.2 企业年度社会责任工作成绩与不足的概括总结

指标解读：主要指企业本年度在经济、社会和环境领域取得了哪些关键绩效，存在哪些不足以及如何改进。

示例：

中国石化的实践得到了社会各界的赞赏和肯定，公司先后荣获"2013 最具责任感企业"奖、"2013 中国低碳榜样"奖、"2013 绿色中国——杰出企业社会责任"奖、"光明功勋特别"奖、"全球契约中国最佳案例"奖。

——《中国石油化工集团公司 2013 社会责任报告》(P2~P3)

(四) 企业简介 (P4)

核心指标　P4.1 企业名称、所有权性质及总部所在地

指标解读：主要介绍企业的全称、简称，企业所有权结构，以及企业总部所在的省市。

示例：

LG 化学自 1995 年在中国投资建厂以来，至今已经建立了 1 家投资公司、10 家生产法人和 1 家销售法人，并于 2004 年在北京成立中国地区总

部，在全公司范围内支援中国事业战略的制定，向各地区生产法人和子公司的运营提供业务支援。

——《LG 化学（中国）2013 社会责任报告》(P7)

核心指标　**P4.2 企业主要品牌、产品及服务**

指标解读： 通常情况下，企业对社会和环境的影响主要通过其向社会提供的产品和服务实现。因此，企业应在报告中披露其主要品牌、产品和服务，以便于报告使用者全面理解企业的经济、社会和环境影响。

示例：

作为一家国际化能源化工公司，中国石油化工集团公司致力于"建设人民满意的世界一流能源化工公司"。我们的业务包括油气勘探开发、石油炼制和油品销售、化工产品生产和销售、石油和炼化工程服务、国际贸易、科技研发等。2013 年，中国石化实现营业收入 29451 亿元，生产原油 7659 万吨，天然气 259 亿立方米，加工原油 23370 万吨，向社会提供成品油 18000 万吨，化工产品经营量 5823 万吨。

——《中国石油化工集团公司 2013 社会责任报告》(扉页)

核心指标　**P4.3 企业运营地域及运营架构，包括主要部门、运营企业、附属及合营机构**

指标解读： 企业运营地域、运营企业界定了其社会和环境影响的地域和组织，因此，企业在报告中应披露其运营企业，对于海外运营企业还应披露其运营地域。

核心指标　**P4.4 按产业、顾客类型和地域划分的服务市场**

指标解读： 企业的顾客类型、服务地域和服务市场界定了其社会和环境影响的范围，因此，企业应在报告中披露其服务对象和服务市场。

示例：

北京	LG 化学（中国）投资有限公司 LG 化学显示器材料（北京）有限公司	重庆	LG 化学（中国）投资有限公司重庆分公司
天津	天津 LG 大沽化学有限公司 天津 LG 渤海化学有限公司 天津 LG 渤天化学有限责任公司 LG 化学（天津）工程塑料有限公司	浙江	LG 化学（中国）投资有限公司宁波分公司 宁波 LG 甬兴化工有限公司
		福建	LG 化学（中国）投资有限公司厦门联络处
山东	LG 化学（中国）投资有限公司青岛分公司 LG 化学（中国）投资有限公司烟台分公司	台湾	台湾 LG 化学股份有限公司
		香港	LG 化学香港有限公司
江苏	LG 化学（南京）信息电子材料有限公司	广东	LG 化学（中国）投资有限公司广州分公司 LG 化学（中国）投资有限公司深圳分公司 LG 化学（广州）工程塑料有限公司 中海油 LG 化工有限公司
安徽	LG 化学（中国）投资有限公司合肥联络处		
上海	LG 化学（中国）投资有限公司上海分公司		

——《LG 化学（中国）2013 社会责任报告》(P7)

核心指标 P4.5 按雇佣合同（正式员工和非正式员工）和性别分别报告从业员工总数

指标解读： 从业人员指年末在本企业实际从事生产经营活动的全部人员。包括在岗的职工（合同制职工）、临时工及其他雇佣人员、留用人员，不包括与法人单位签订劳务外包合同的人员，不包括离休、退休人员。

示例：

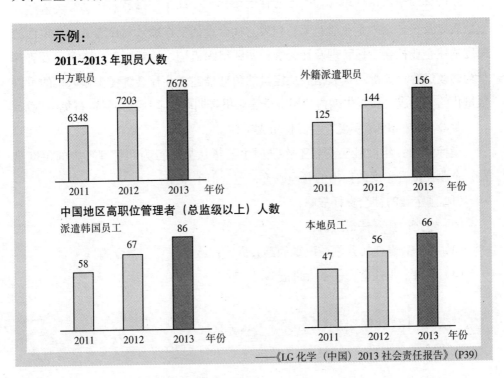

2011~2013 年职员人数

中方职员
6348（2011） 7203（2012） 7678（2013）

外籍派遣职员
125（2011） 144（2012） 156（2013）

中国地区高职位管理者（总监级以上）人数

派遣韩国员工
58（2011） 67（2012） 86（2013）

本地员工
47（2011） 56（2012） 66（2013）

——《LG 化学（中国）2013 社会责任报告》(P39)

扩展指标 P4.6 列举企业在协会、国家或国际组织中的会员资格或其他身份

指标解读：企业积极参与协会组织以及国际组织，一方面是企业自身影响力的表现，另一方面可以发挥自身在协会等组织中的影响力，带动其他企业履行社会责任。

扩展指标 P4.7 报告期内关于组织规模、结构、所有权或供应链的重大变化

指标解读：主要指企业发生重大调整的事项。企业改革往往对企业本身和利益相关方产生深远影响，企业披露重大调整事项有助于加强利益相关方沟通及寻求支持。

> **示例：**
>
> 2013 年 3 月集团公司正式成立能源管理与环境保护部，这是中央企业首次成立负责绿色低碳、能源与环境管理的部门。
>
> ——《中国石油化工集团公司 2013 社会责任报告》(P9)

（五）年度进展 (P5)

年度进展主要包括报告期内企业社会责任工作的年度绩效对比表、关键绩效数据表以及报告期内企业所获荣誉列表。社会责任工作绩效对比表主要从定性的角度描述企业社会责任管理及社会责任实践组织机构、规章制度的完善以及管理行为的改进等；关键绩效数据表从定量的角度描述企业社会责任工作取得的可以数量化的工作成效；报告期内公司荣誉表对报告期内企业所获荣誉进行集中展示。

核心指标 P5.1 年度社会责任重大工作

指标解读：年度社会责任工作进展主要指从战略行为和管理行为的角度出发，企业在报告年度内做出的管理改善，包括但不限于：

（1）制定新的社会责任战略；

（2）建立社会责任组织机构；

（3）在社会责任实践领域取得的重大进展；

（4）下属企业社会责任重大进展等。

> **示例：LG 化学签署《责任关怀　北京宣言》**
>
> 2013 年 3 月 21 日，LG 化学在上海举办的 AICM（国际化学品制造商协

会) 全体会员代表大会上正式签署《责任关怀　北京宣言》(简称《北京宣言》),成为在中国签署该宣言的首家韩国企业。

　　LG 化学(中国)投资有限公司前任大中华区总裁金光中出席会议并表示:LG 化学会组织在华所有下属生产企业积极参与责任关怀的各项活动,努力提高各个法人工厂在产品和生产工艺环节中的健康、安全和环保表现,积极承担化工行业应尽的社会责任。

　　2013 年 8 月 15~16 日,LG 化学首次参与了由 AICM 举行的 2013 年公众开放日——"责任关怀"夏令营活动,并组织北京大学、清华大学、南开大学和天津大学化工专业的学生和《中国化工报》等 12 家媒体参观了 LG 化学渤海工厂,工作人员向他们介绍了工厂产品和安全管理系统。

　　　　　　　　　　——《LG 化学(中国)2013 社会责任报告》(P12)

　　核心指标　P5.2 年度责任绩效

　　指标解读: 年度责任绩效主要从定量的角度出发披露公司在报告期内取得的重大责任绩效,包括但不限于:

　　(1) 财务绩效;

　　(2) 客户责任绩效;

　　(3) 伙伴责任绩效;

　　(4) 员工责任绩效;

　　(5) 社区责任绩效;

　　(6) 环境责任绩效等。

　　示例:

　　全球主要社会公益总投入超过 8.5 亿元,惠及百万人。其中,在中国的 8 个省(市、自治区)14 个县(区)投入 7443 万元开展定点扶贫与对口支援,实施 31 个援建项目。

　　　　　　　　　　——《中国石油天然气集团公司 2013 社会责任报告》(P5)

　　核心指标　P5.3 年度责任荣誉

　　指标解读: 年度责任荣誉主要指公司在报告期内在责任管理、市场责任、社

　　　　　　　　　　　　　　· 47 ·

会责任和环境责任方面获得的重大荣誉奖项。

> **示例：**
>
> 公司组织对下属所有企业的绩效考核，考核指标中包括涉及收益、安全、环保等方面的社会责任绩效指标。
>
> 《2012 社会责任报告》获五星级报告。中国石化在中国社科院 2013 年发布的企业社会责任蓝皮书中，全国 100 强企业社会责任排名升至第三名，首次步入卓越者行列。
>
> 在中国新华社、《中国新闻周刊》举办的"2013 责任中国荣誉盛典"中获"最具责任感企业"奖。在《南方周末》主办的"2012 中国企业社会责任评选"中获国有企业排行榜第一名。
>
> ——《中国石油化工集团公司 2013 社会责任报告》(P10)

二、责任管理（G 系列）

有效的责任管理是企业实现可持续发展的基石。企业应该推进企业社会责任管理体系的建设，并及时披露相关信息。根据最新研究成果，[①] 企业社会责任管理（CSR）体系包括责任战略、责任治理、责任融合、责任绩效、责任沟通和责任能力六大部分。其中，责任战略的制定过程实际上是企业社会责任的计划（Plan-P）；责任治理、责任融合的过程实际上是企业社会责任的执行（Do-D）；责任绩效和报告是对企业社会责任的评价（Check-C）；调查、研究自身社会责任工作的开展情况、利益相关方意见的反馈以及将责任绩效反馈到战略的过程就是企业社会责任的改善（Act-A）。这六项工作整合在一起就构成了一个周而复始、闭环改进的 PDCA 过程，推动企业社会责任管理持续发展。

---

① 该框架系国资委软课题《企业社会责任推进机制研究》成果，课题组组长：彭华岗；副组长：楚序平、钟宏武；成员：侯洁、陈锋、张璟平、张蕙、许英杰。

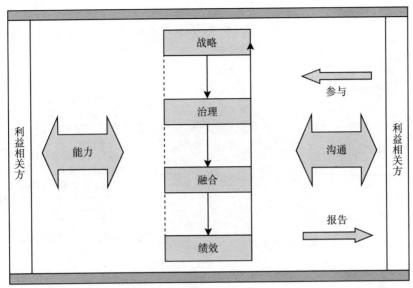

图4-3 企业社会责任管理的六维框架

（一）责任战略（G1）

社会责任战略是指公司在全面认识自身业务对经济社会环境影响、全面了解利益相关方需求的基础上，制定明确的社会责任理念、核心议题和社会责任规划，包括以下四个方面。

核心指标 G1.1 社会责任理念、愿景、价值观

指标解读： 该指标描述企业对经济、社会和环境负责任的经营理念、愿景及价值观。

> **示例：**
>
> LG Way 是 LG 固有的经营哲学，以创新精神为背景开创事业，在成长过程中与生产的经验和哲学不断融合，并继承发展到今天。
>
> LG Way 是 LG 全体员工思考及行动的立足点，实践"为顾客创造价值"和"尊重人的经营"的经营理念，以"正道经营"为行动方式，实现最终向往的愿景"一等LG"。

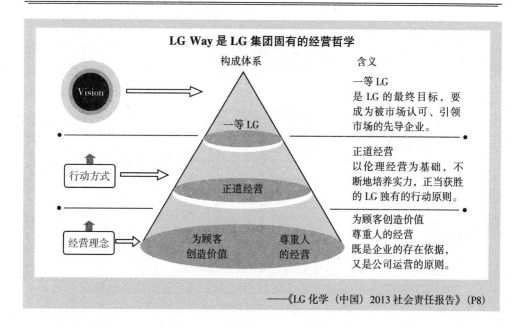

——《LG 化学（中国）2013 社会责任报告》（P8）

扩展指标 G1.2 企业签署的外部社会责任倡议

指标解读：本指标描述企业参加、签署的外部社会责任倡议，包括经济、社会、环境等各领域。

核心指标 G1.3 辨识企业的核心社会责任议题

指标解读：本指标主要描述企业辨识社会责任核心议题的工具和流程，以及企业的核心社会责任议题包括的内容。企业辨识核心社会责任议题的方法和工具包括但不限于：

（1）利益相关方调查；

（2）高层领导访谈；

（3）行业背景分析；

（4）先进企业对标等。

示例：

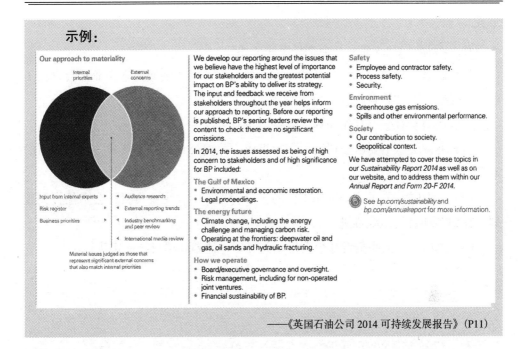

——《英国石油公司2014可持续发展报告》（P11）

扩展指标 G1.4 企业社会责任规划

指标解读：社会责任规划是企业社会责任工作的有效指引。本指标主要描述企业社会责任工作总体目标、阶段性目标、保障措施等。

（二）责任治理（G2）

责任治理是指通过建立必要的组织体系、制度体系和责任体系，保证公司CSR理念得以贯彻，保证CSR规划和目标得以落实，包括CSR组织、CSR制度等方面。

扩展指标 G2.1 社会责任领导机构

指标解读：社会责任领导机构是指由企业高层领导（通常是企业总裁、总经理等高管）直接负责的、位于企业委员会层面最高的决策、领导、推进机构，例如社会责任委员会、可持续发展委员会、企业公民委员会等。

扩展指标 G2.2 利益相关方与企业最高治理机构之间沟通的渠道或程序

指标解读：利益相关方与最高治理机构之间的沟通和交流是利益相关方参与的重要内容和形式。企业建立最高治理机构和利益相关方之间的沟通渠道有助于从决策层高度加强与利益相关方的交流，有助于与利益相关方建立良好的伙伴关系。

核心指标 G2.3 建立社会责任组织体系

指标解读： 本指标主要包括两个方面的内容：①明确或建立企业社会责任工作的责任部门；②企业社会责任工作部门的人员配置情况。

一般而言，社会责任组织体系包括以下三个层次：

（1）决策层，主要由公司高层领导组成，负责公司社会责任相关重大事项的审议和决策。

（2）组织层，公司社会责任工作的归口管理部门，主要负责社会责任相关规划、计划和项目的组织推进。

（3）执行层，主要负责社会责任相关规划、计划和项目的落实执行。

示例：

公司设立了社会责任管理工作委员会，委员会下设社会责任工作推进办公室、社会责任报告编辑部和外部专家咨询组。

——《中国石油天然气集团公司 2013 社会责任报告》（P6）

核心指标 G2.4 社会责任组织体系的职责与分工

指标解读： 由于社会责任实践由公司内部各部门具体执行，因此，在企业内部必须明确各部门的社会责任职责与分工。

示例：

委员会负责制定公司社会责任工作目标和方针，统一指导社会责任工作；办公室遵照委员会的统一部署，组织协调有关部门和单位开展相关社会责任工作；外部专家咨询组为公司社会责任管理工作给予咨询意见；社会责任报告编辑部负责报告编发工作。公司形成了委员会领导、主管部门牵头组织、业务部门分工负责、企事业单位全面参与的工作机制。

——《中国石油天然气集团公司 2013 社会责任报告》（P6）

扩展指标 G2.5 社会责任管理制度

指标解读： 社会责任工作的开展落实需要有力的制度保证。企业社会责任制度包括社会责任沟通制度、信息统计制度、社会责任报告的编写发布等制度。

> **示例：**
>
> 逐步健全公司社会责任管理体系。成立社会责任管理提升工作组。
>
> 制定并下发《关于加强和改进企业社会责任管理工作的指导意见》、《企业社会责任工作管理办法》。
>
> ——《中国石油化工集团公司2013社会责任报告》（P9）

（三）责任融合（G3）

责任融合是指企业将 CSR 理念融入企业经营发展战略和日常运营，包括推进下属企业履行社会责任和供应链合作伙伴履行社会责任两个方面。

扩展指标 G3.1 推进下属企业履行社会责任

指标解读：本指标主要描述企业下属企业的社会责任工作情况，包括下属企业发布社会责任报告、对下属企业进行社会责任培训、在下属企业进行社会责任工作试点、对下属企业社会责任工作进行考核与评比等。

> **示例：**
>
> 2013 年，持续提升企业社会责任管理水平，指导所属企业更好地开展企业社会责任管理工作，研究编制《中国石油天然气集团公司履行企业社会责任指引》。
>
> ——《中国石油天然气集团公司2013社会责任报告》（P6）

扩展指标 G3.2 推动供应链合作伙伴履行社会责任

指标解读：本指标包括两个层次：描述企业对合作机构、同业者以及其他组织履行社会责任工作的倡议；推进下游供应链企业的社会责任意识。

> **示例：**
>
> 中国石化在自身发展的同时，积极与利益相关方实现合作共赢。公司加快油品升级步伐，为消费者提供多样化的清洁能源；重视供应链社会责任管理，实现与供应链所有企业共同成长。
>
> ——《中国石油化工集团公司2013社会责任报告》（P2）

（四）责任绩效（G4）

责任绩效是指企业建立社会责任指标体系，并进行考核评价，确保社会责任目标的实现，包括社会责任指标体系和社会责任考核评价等方面。

扩展指标　G4.1 构建企业社会责任指标体系

指标解读： 本指标主要描述企业社会责任评价指标体系的构建过程和主要指标。建立社会责任指标体系有助于企业监控社会责任的运行情况。

扩展指标　G4.2 依据企业社会责任指标进行绩效评估

指标解读： 本指标主要描述企业运用社会责任评价指标体系，对履行企业社会责任的绩效进行评价的制度、过程和结果。

> **示例：**
> 我们秉承"贡献不竭能源、创造美好生活"的公司愿景……依据可持续发展指标体系通过与国际公司对标、纵向比较等分析方法系统评价公司可持续发展战略的执行情况，并持续改进和动态调整。
> ——《中国海洋石油总公司 2013 企业社会责任报告》（P6）

扩展指标　G4.3 企业社会责任优秀评选

指标解读： 本指标主要描述企业内部的社会责任优秀单位、优秀个人评选或优秀实践评选相关制度、措施及结果。

核心指标　G4.4 企业在经济、社会或环境领域发生的重大事故，受到的影响和处罚以及企业的应对措施

指标解读： 如果报告期内企业在经济、社会或环境等领域发生重大事故，企业应在报告中进行如实披露，并详细披露事故的原因、现状和整改措施。

（五）责任沟通（G5）

责任沟通是指企业就自身社会责任工作与利益相关方开展交流，进行信息双向传递、接收、分析和反馈，包括利益相关方参与、CSR 内部沟通机制和外部 CSR 沟通机制等方面。

核心指标 G5.1 企业利益相关方名单

指标解读： 利益相关方是企业的履责对象，企业必须明确自身经营相关的利益相关方，并在报告中列举利益相关方名单。

示例：

我们的利益相关方，包括政府、员工、股东及债权人、客户、商业伙伴、社区及公众、非政府组织和有关机构等。来自利益相关方的信任和支持是我们持续发展、稳健成长至关重要的条件。我们同各利益相关方积极构建相互支持、互利友好的合作共赢关系，推动实现经济增长、环境保护和社会进步的协调永续发展。

——《中国石油化工集团公司 2013 社会责任报告》(P11)

扩展指标 G5.2 识别及选择利益相关方的程序

指标解读： 由于企业利益相关方众多，企业在辨识利益相关方时必须采用科学的方法和程序。

核心指标 G5.3 利益相关方的关注点和企业的回应措施

指标解读： 本指标包含两个方面的内容：①对利益相关方的需求及期望进行调查；②阐述各利益相关方对企业的期望以及企业对利益相关方期望进行回应的措施。

示例：

与利益相关方沟通方式及重点行动

利益相关方	目标及关注点	沟通参与方式	2013 年重点行动
政府	● 保障能源安全 ● 稳定市场供应 ● 履行社会责任 ● 实现节能减排 ● 提供清洁能源 ● 反腐倡廉 ● 保障出资人权益	● 依法经营，诚实守信 ● 响应政府号召，接受监管 ● 为能源政策、法律法规以及行业标准等的制定贡献企业经验 ● 改善产品、工程和服务质量 ● 提升环保业绩 ● 增加相关信息披露	● 转变发展方式，增加资源潜力，推进技术创新，保持良好运营，实现国有资产保值增值 ● 与东道国政府探讨制定能源合作模式 ● 配合国家能源战略，优化能源结构，保障能源供应 ● 推进国家重点实验室建设和重大科技创新项目 ● 支持国务院《大气污染防治行动计划》、环保部和发改委《京津

续表

利益相关方	目标及关注点	沟通参与方式	2013 年重点行动
政府			冀及周边地区落实大气污染防治行动计划实施细则》，签订《首都大气污染防治重大能源保障项目任务书》 ● 推进万家企业节能低碳行动
员工	● 员工权益保障 ● 员工职业发展 ● 员工价值实现 ● 员工安全健康	● 支持各级工会组织 ● 召开职工代表大会 ● 加大员工培训力度 ● 完善薪酬分配制度 ● 举办竞赛、评选活动 ● 增加相关信息披露	● 加强员工培训，举办职业技能竞赛 ● 持续开展员工职业健康体检，实施《职业病防治法》宣传活动 ● 完善企业年金制度 ● 加强海外防恐反恐和安保工作 ● 实施海外员工帮助计划 ● 健全完善员工成长机制 ● 实施扶贫帮困送温暖活动
客户和消费者	● 提供安全、环保、优质产品 ● 提供优质服务 ● 提高用户满意度 ● 保持良好的信息沟通 ● 倡导可持续的消费模式 ● 保护消费者隐私 ● 完善消费者申诉机制	● 开展关爱消费者活动 ● 开展产品质量监督抽查 ● 征询客户和消费者意见 ● 增加相关信息披露	● 完善质量管理体系，推进产品质量升级 ● 建设统一的加油站管理系统，开展加油站综合检查 ● 增加天然气、清洁油品供应，完成国Ⅳ汽油质量升级 ● 实施油气回收改造工程，减少油气挥发污染 ● 发布《产品工程和服务质量指标》和《关于落实国务院〈质量发展纲要实施方案〉》 ● 开展"3·15"宣传活动
合作伙伴	● 遵守国家法律法规和商业道德 ● 规范 HSE 管理 ● 平等合作、互利共赢 ● 在价值链中促进社会责任	● 通过电子交易平台推广电子采购 ● 分享管理经验与技术标准 ● 加强供应商、承包商沟通 ● 增加相关信息披露	● 公平竞争、规范运营，全面推广电子采购和管理平台的应用 ● 加强物资供应商质量与 HSE 管理，分阶段全面启动并完成公司一级供应商现场考察与评价 ● 加强承包商 HSE 管理，出台《工程建设承包商年度评价实施细则》，炼化承包商实行全面准入制 ● 开展供应商高层论坛，加强主要物资供应商沟通与交流，强化采购供应链的风险意识，将风险管控向供应商上游延伸
非政府组织和有关机构	● 参与公共政策、行业标准的研究讨论 ● 关注行业发展趋势和政策动向	● 贡献企业经验 ● 参与会议、论坛等互动活动 ● 增进国际交流与合作 ● 增加相关信息披露	● 针对外界关注的环境保护等社会热点问题进行交流 ● 联合承办第六届国际石油技术大会（IPTC 2013）

续表

利益相关方	目标及关注点	沟通参与方式	2013 年重点行动
非政府组织和有关机构	● 推动企业和行业的可持续发展 ● 开展社会发展和环境保护领域合作		
社区及公众	● 促进社区发展 ● 保护社区环境 ● 增加社区就业 ● 支持教育和公共健康等公益事业 ● 开展社会投资 ● 提升可持续发展能力	● 提供教育培训和就业机会 ● 促进文化交流 ● 开展社区走访 ● 增加相关信息披露	● 扶贫帮困、抢险救灾、捐资助学、支援灾区重建 ● 开展定点扶贫与对口支援 ● 以重大项目建设支持和带动地方经济发展，引进社会资本参与项目建设，取得积极进展 ● 提供天然气等优质高效清洁能源及产品 ● 扶持中小企业发展，推进当地采购

——《中国石油天然气集团公司 2013 社会责任报告》(P9)

核心指标　G5.4 企业内部社会责任沟通机制

指标解读：本指标主要描述企业内部社会责任信息的传播机制及媒介。企业内部社会责任沟通机制包括但不限于：

（1）内部刊物，如《社会责任月刊》、《社会责任通讯》等；

（2）在公司网站建立社会责任专栏；

（3）社会责任知识交流大会；

（4）CSR 内网等。

示例：定期发布《桥》社刊作为公司内部沟通的方式

《桥》社刊创刊于 2007 年 7 月，为 LG 化学大中华区内部刊物；《桥》为双月刊，截至 2014 年 6 月已出刊 41 期。《桥》社刊的宗旨是希望大家能充分利用这个平台增强相互间的了解沟通，促进不同文化间的交流与融合。

《桥》社刊是连接 LG 化学在中国地区各法人、分公司、办事处的纽带桥，也是连接 LG 化学在中国地区顾客的沟通桥。

——《LG化学（中国）2013社会责任报告》(P13)

核心指标 **G5.5 企业外部社会责任沟通机制**

指标解读：本指标主要描述企业社会责任信息对外部利益相关方披露的机制及媒介，如发布社会责任报告、召开及参加利益相关方交流会议、工厂开放日等。

示例：

我们坚持诚信、互动、平等的原则，积极推进和完善利益相关方沟通参与机制。重视与利益相关方的沟通交流，定期发布公司财务运营年报和企业社会责任报告，并通过公司网站、报刊等不断增加信息披露，建立和完善公开透明的沟通参与机制。我们积极搭建利益相关方沟通平台，推动利益相关方参与公司履责实践。在制定决策时，充分考虑利益相关方诉求，引入内外部监督机制，实现决策高效透明。在日常运营中，将利益相关方参与融入公司管理体系和业务流程，逐渐改进和完善各项制度和管理机制。我们通过定期召开专家研讨会、邀请媒体走进中国石油、组织实地调研等多种方式，与利益相关方开展多层次多角度交流，了解他们的关注和诉求，并借鉴国际标准和国内外先进经验，在实践中持续改进利益相关方参与效果。

——《中国石油天然气集团公司 2013 社会责任报告》(P8)

核心指标 G5.6 企业高层领导参与的社会责任沟通与交流活动

指标解读：本指标主要描述企业高层领导人参加的国内外社会责任会议，以及会议发言、责任承诺等情况。

示例：

2013 年，由联合国环境规划署（UNEP）举办的全球南南合作高端活动——全球南南发展（GSSD）博览会在联合国非洲总部内罗毕举办，会议以"建设包容性的绿色经济：为了可持续发展和消除贫困的南南合作"为主题。大会期间联合国向中国石化董事长傅成玉颁发"全球南南合作杰出领导力奖"，以表彰在傅成玉带领下的中国石化在推进南南合作方面做出的积极努力。中国石化在此次会议期间，发布了首份非洲社会责任报告——《中国石化在非洲》。

——《中国石油化工集团公司 2013 社会责任报告》(P88)

（六）责任能力（G6）

责任能力是指企业通过开展社会责任课题研究、参与社会责任交流和研讨活动提升组织知识水平；通过开展社会责任培训与教育活动提升组织员工的社会责任意识。

扩展指标 G6.1 开展 CSR 课题研究

指标解读：由于社会责任是新兴课题，企业应根据社会责任理论与实践的需要自行开展社会责任调研课题，把握行业现状和企业自身情况，以改善企业社会责任管理，优化企业社会责任实践。

示例：

2013 年：

研究国内外大公司社会责任报告发展趋势。

编制中国石化社会责任管理业务流程图。

2014 年：

编写《中国石化社会责任 ABC》。

研究国内外大公司社会责任管理发展趋势。

——《中国石油化工集团公司 2013 社会责任报告》（P10）

扩展指标　G6.2 参与社会责任研究和交流

指标解读：本指标主要指企业通过参与国内外、行业内外有关社会责任的研讨和交流，学习、借鉴其他企业和组织的社会责任先进经验，进而提升本组织的社会责任绩效。

示例：

中国海油工作人员与刚果（布）教育部官员交流　　中国海油工作人员与早稻田大学青年学者交流社会责任话题　　中国海油与供应商、承包商、客户、合作伙伴等利益相关方代表沟通交流

——《中国海洋石油总公司 2014 可持续发展报告》（P8）

扩展指标　G6.3 参加国内外社会责任标准的制定

指标解读：企业参加国内外社会责任标准的制定，一方面促进了自身社会责任相关议题的深入研究，另一方面提升了社会责任标准的科学性、专业性。

核心指标　G6.4 通过培训等手段培育负责任的企业文化

指标解读：企业通过组织、实施社会责任培训计划，提升员工的社会责任理念，使员工成为社会责任理念的传播者和实践者。

> **示例：《LG 化学（中国）2013 企业社会责任报告》培训会在北京举行**
>
> 2014 年 3 月 20 日，《LG 化学（中国）2013 企业社会责任报告》培训会在北京举行，参加培训的人员包括各法人 CSR 工作负责人及中国地区总部支援部门的同事们。
>
> 培训会上，中国社科院企业社会责任研究中心的孙孝文主任针对企业社会责任及如何编写一套完整的、符合规范的 CSR 报告进行了详细的讲解，并现场为大家答疑解惑。
>
> ——《LG 化学（中国）2013 社会责任报告》（P12）

三、市场绩效（M 系列）

市场绩效描述企业在市场经济中负责任的行为。企业的市场绩效责任可分为对自身健康发展的经济责任和对市场上其他利益相关方（主要是客户和商业伙伴）的经济责任。石油化工业的市场绩效主要表现在三个方面：股东责任、客户责任和伙伴责任，如图 4-4 所示。

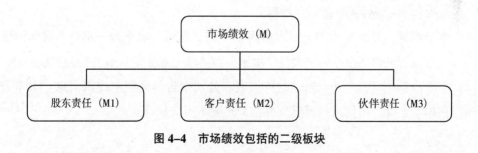

图 4-4　市场绩效包括的二级板块

（一）股东责任（M1）

股东责任主要包括股东权益保障机制与资产保值增值两个方面，其中股东权益保障机制用股东参与企业治理的政策和机制、保护中小投资者利益和规范信息披露进行表现，资产保值增值用资产的成长性、收益性和安全性三个指标进行表现。

1. 股东权益保障

核心指标   M1.1 股东参与企业治理的政策和机制

指标解读：本指标主要描述股东参与企业治理的政策和机制，这些政策和机制包括但不限于股东大会、临时性股东大会等。

> **示例：**
>
> ● 与投资者沟通
>
> 中国石化通过年度报告、定期报告与不定期公告的形式，及时向股东和公众披露公司生产运营的重要信息。
>
> 2013 年，中国石化加强投资者沟通，特别是公司与投资者的双向沟通，继续采取"走出去、请进来"策略，增进投资者对公司的了解。
>
> 沟通的过程中不仅及时向公司管理层反映投资者的意见，而且向投资者表达公司关注投资者利益的理念。
>
> ——《中国石油化工集团公司 2013 社会责任报告》（P12）

核心指标   M1.2 保护中小投资者利益

指标解读：本指标主要内容包括保障中小股东的知情权、席位、话语权以及自由转让股份权、异议小股东的退股权等。

核心指标   M1.3 规范信息披露

指标解读：及时准确地向股东披露企业信息是履行股东责任不可或缺的重要环节，这些信息包括企业的重大经营决策、财务绩效和企业从事的社会实践活动。

企业应根据《公司法》通过财务报表、公司报告等向股东提供信息。上市公司应根据《上市公司信息披露管理办法》向股东报告信息。

> **示例：**
>
> 2013 年，中国石化注重定期报告和临时公告的编制和发布工作。本年度创新工作：首次编制并发布可持续发展进展报告；提升了中国石化网站投资者关系栏目功能，增加了包括股价播报、股票图表及其股票信息、公司一览表、关键财务数据表、在线年报展示等多种便捷服务，增强公司信息披露透明度，加强同利益相关方的沟通。
>
> ——《中国石化 2013 可持续发展进展报告》（P16）

2. 经营绩效

核心指标   M1.4 成长性

指标解读：本指标即报告期内营业收入及增长率等与企业成长性相关的其他指标。

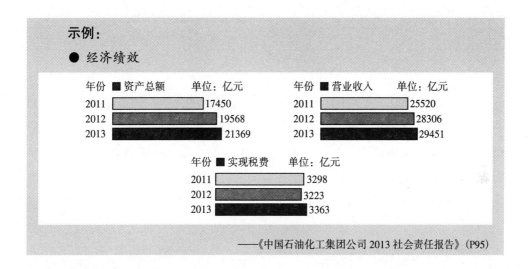

示例：

● *经济绩效*

年份	■ 资产总额	单位：亿元
2011	17450	
2012	19568	
2013	21369	

年份	■ 营业收入	单位：亿元
2011	25520	
2012	28306	
2013	29451	

年份	■ 实现税费	单位：亿元
2011	3298	
2012	3223	
2013	3363	

——《中国石油化工集团公司 2013 社会责任报告》(P95)

核心指标   M1.5 收益性

指标解读：本指标即报告期内的净利润增长率、净资产收益率和每股收益等与企业经营收益相关的其他指标。

核心指标   M1.6 安全性

指标解读：本指标即报告期内的资产负债率等与企业财务安全相关的其他指标。

（二）客户责任（M2）

1. *产品责任*

核心指标   M2.1 能源供应战略体系

指标解读：本指标指企业在分析当前能源形势、供需矛盾与环境保护、企业自身优势等前提下，制定的长期能源供应目标，以及实现目标的基本路径。

示例：

我们致力于打造多元立体、协调配套的一体化产业体系，不断增强能源供应能力。中国石化的产业体系既涵盖油气勘探开发、炼油、化工、销售、天然气利用的石油化工产业链，又涉足生物燃料、煤化工等新能源产业，同时还有技术研发、石油和炼化工程服务、国际贸易等的全方位支持。

——《中国石油化工集团公司 2013 社会责任报告》（P16）

核心指标 **M2.2 常规能源开发利用（石油、天然气等）的措施及绩效**

指标解读： 本指标主要描述石油化工企业对常规能源如石油和天然气的开发利用措施以及取得的成效，包括企业在勘探、开发、原油精炼和成品油供应等方面的措施，可披露相关的定量指标包括新增探明石油和天然气储量、油气储量替代率、原油和天然气总产量、成品油和天然气产销量等。

示例：

中国海油认为，推广使用清洁能源将成为建设美丽中国、促进社会可持续发展的重要保证。公司加大常规油气勘探开发力度，持续推进煤层气、致密气等非常规天然气的规模开发，更加注重液化天然气等清洁能源的开发利用，努力以更加多元、绿色、环保的能源产品和服务实现公司的价值。2014年，全年生产原油 6868 万吨、天然气 219 亿立方米，进口 LNG1411 万吨，天然气发电量 177 亿千瓦时，生产成品油 676 万吨、燃料油 672 万吨、沥青 902 万吨、乙烯 103 万吨。

——《中国海洋石油总公司 2014 可持续发展报告》（P16）

核心指标 **M2.3 非常规能源开发利用（页岩气、煤层气等）的措施及绩效**

指标解读： 本指标指企业对传统能源之外的新能源勘探、开发和供应方面采取的措施以及取得的成效。非常规能源指刚开始开发利用或正在积极研究、有待推广的能源，如页岩气、煤层气等。

示例：

● 向新领域延伸

随着常规、易采和优质油气资源日渐减少，我们的勘探开发活动正在向页岩气、煤层气、深海等富有挑战的新领域和地域拓展。这种挑战不单是如何经济地采掘这些资源为社会所用，更重要的是如何以最小的环境代价来获取这些资源。中国石油着眼于未来能源供应，积极开展这些领域的研究、先导试验和合作，以储备技术和经验。

页岩气开发利用具有良好的前景，但水力压裂消耗大量水资源并可能污染地下水。作为国内最早研究页岩气开发的企业之一，中国石油的成套页岩气开发技术在四川和云南页岩气开发示范区得到了初步应用。我们坚信，技术突破终将帮助我们更加环保地开发利用页岩气。

——《中国石油天然气集团公司2013社会责任报告》（P13）

核心指标 **M2.4 油气储运网络建设及绩效**

指标解读：本指标指企业石油和天然气储存及运输网络系统建设制度和取得的成效，包括油气田的油库、转运码头或外输首站、油气输送管线等的建设。可披露的定量指标包括原油管道总里程（千米）、成品油管道总里程（千米）、天然气管道里程（千米）等。

示例：

我们大力推进跨国天然气管道及国内天然气骨干管网和地下储气库等调峰设施建设，初步形成了横跨东西、纵贯南北、连通海外的天然气管网。其中，2013年中缅天然气管道干线全线建成；西气东输二线实现向广西、香港供气，西气东输三线霍尔果斯—乌鲁木齐—连木沁段投产通气。

——《中国石油天然气集团公司2013社会责任报告》（P14）

指 标	2009年	2010年	2011年	2012年	2013年
原油管道总长度（千米）	13189	14807	14807	16369	17640
成品油管道总长度（千米）	8868	9257	9334	9437	9534
天然气管道总长度（千米）	28595	32801	36116	40995	45704

——《中国石油天然气集团公司2013社会责任报告》（P54）

扩展指标 **M2.5 推进国际能源合作**

指标解读：本指标指企业积极推动与国际能源组织和企业的交流合作，包括油气勘探开发的对外合作、开展国际能源贸易等。

> **示例：**
>
> ● 推进国内对外合作进程
>
> 我们积极推进国内油气对外合作在深化传统合作领域的同时，加大与国际石油公司在非常规油气领域的合作力度，推进国内非常规油气勘探开发及利用。2013 年，公司与赫世公司签署新疆三塘湖盆地马朗区块石油合同；长庆长北项目继续保持高产稳产，二期评价工作正式启动；与壳牌合作的西南富顺—永川页岩气项目、金秋和梓潼致密气项目勘探评价加快推进。公司全年国内对外合作油气产量当量达到 827.9 万吨。
>
> ——《中国石油天然气集团公司 2013 社会责任报告》(P17)

核心指标 **M2.6 产品质量与安全管理（产品包含能源、石油产品和石化产品）**

指标解读：本指标主要描述企业产品质量保障、质量改进等方面的政策与措施，包括但不限于通过 ISO9000 质量管理体系认证、成立产品质量保证和改进小组等。

> **示例：**
>
> 2013 年，LG 化学的一家手机生产商顾客试图将产品充电器的黑色外壳改变为白色，由此产生了一系列的原材料加工方面的技术问题，使得充电器生产的不良品率大幅度提高，并且随着顾客核心产品市场的不断扩张，这一挑战所带来的影响不断扩大，顾客的质量管理成本不断增加。
>
> LG 化学（天津）在该方面的技术是非常领先的，生产方面严格管理与线体专用化也已经落实，在了解到顾客的情况和需求后，首先通过培训等活动提高了顾客在技术方面的能力，改善了顾客在技术方面的不足。同时我们与顾客共同建立产品的管理体系，能够更好地保证为顾客生产的产品优良，提高最终顾客的良品率。

我们一系列的活动改善了顾客的产品不良率，也减少了顾客的浪费，节约了大量的质量成本，产品品质的提高也进一步加强了顾客的市场竞争力。顾客也通过这些活动了解到 LG 化学不仅提供高品质的产品，同时也提供高品质的技术服务，为今后的长期战略合作发展打下了坚实的基础。引进未来技术，加强产品质量管理。

——《LG 化学（中国）2013 社会责任报告》(P19)

扩展指标 M2.7 确保产品信息真实和完整的制度与措施

指标解读：本指标指企业在产品说明方面做到信息的真实性和完整性，确保不披露虚假的产品信息。

核心指标 M2.8 产品合格率

指标解读：产品合格率=合格产品数/产品总数×100%。

2. 客户服务

核心指标 M2.9 客户关系管理体系

指标解读：客户关系管理体系是指以客户为中心，覆盖客户期望识别、客户需求回应以及客户意见反馈和改进的管理体系。

示例：

在市场与顾客需求不断变化、竞争越来越激烈的环境下，现有的产品和服务无法在市场中形成差别化优势，LG 化学提出了 Solution Partner（解决方案合作伙伴）的长期战略目标，通过为顾客解决问题、创造成果，结合产品、服务和知识，为顾客带来差别化的价值，实现公司与合作伙伴的互利共赢。

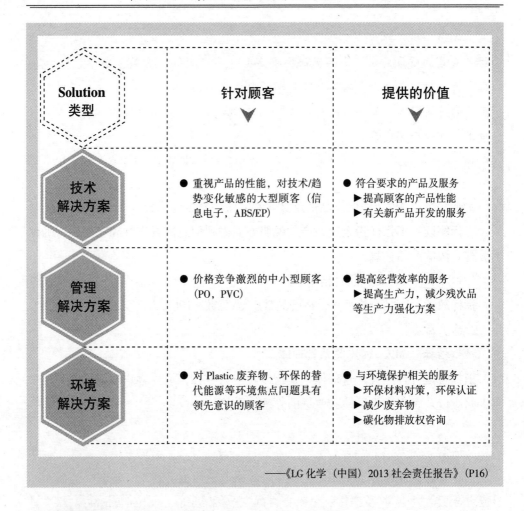

Solution 类型	针对顾客 ∨	提供的价值 ∨
技术 解决方案	● 重视产品的性能，对技术/趋势变化敏感的大型顾客（信息电子，ABS/EP）	● 符合要求的产品及服务 ▶ 提高顾客的产品性能 ▶ 有关新产品开发的服务
管理 解决方案	● 价格竞争激烈的中小型顾客（PO，PVC）	● 提高经营效率的服务 ▶ 提高生产力，减少残次品等生产力强化方案
环境 解决方案	● 对 Plastic 废弃物、环保的替代能源等环境焦点问题具有领先意识的顾客	● 与环境保护相关的服务 ▶ 环保材料对策，环保认证 ▶ 减少废弃物 ▶ 碳化物排放权咨询

——《LG 化学（中国）2013 社会责任报告》(P16)

扩展指标 M2.10 产品知识普及或客户培训

指标解读：本指标主要指对客户进行产品和服务知识宣传、普及的活动。

示例：

● 维护客户权益的告知书

中国石化多家分子公司制定了《客户告知书（卸油）》。

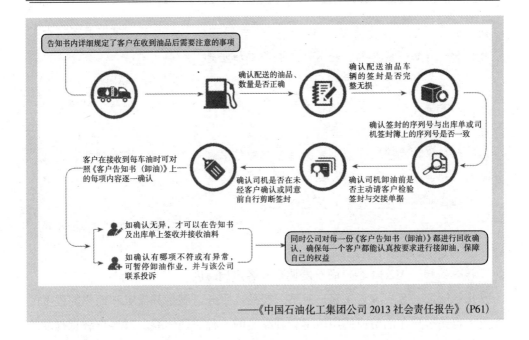

——《中国石油化工集团公司 2013 社会责任报告》（P61）

核心指标 **M2.11 保护客户信息与隐私**

指标解读：本指标主要描述企业保护客户信息安全的理念、制度、措施及绩效。企业不应以强迫或欺骗的方式获得任何有关客户及消费者个人隐私的信息；除法律或政府强制性要求外，企业在未得到客户及消费者许可之前，不得把已获得的客户及消费者私人信息提供给第三方（包括企业或个人）。

核心指标 **M2.12 止损和赔偿**

指标解读：如企业提供的产品或服务被证明对客户及消费者的生命或财产安全存在威胁时，企业应立刻停止提供该类产品或服务，并做出公开声明，尽可能召回已出售产品；对已造成损害的，应给予适当的赔偿。

扩展指标 **M2.13 提供多样化的客户服务渠道**

指标解读：本指标是指企业为客户提供的服务渠道，包括但不限于服务网点和服务热线等。

示例：

● 创新增值

加油卡网络服务：增加加油卡联网站、售卡充值网点数量，推动加油卡网上营业厅、自助圈存业务发展，更加方便客户。开通加油卡客户服务热线，拉近与客户的距离，让加油卡服务更加便捷。

加油卡增值服务：与银行、保险、汽车、媒体等合作，整合双方产品、渠道等资源，创新经营方式，为客户提供积分兑奖、保险、维修、道路救援等多样化增值服务项目。

加油卡信息服务：建立直分销客户短信平台。在开单、资金到账、提油出库、配送送达等购油重点环节向客户发送短信，通过短信与客户定期对账使购油流程透明化，让客户放心交易。

——《中国石油化工集团公司 2013 社会责任报告》(P60)

核心指标　M2.14 客户满意度调查及客户满意度

指标解读：客户满意指客户对某一产品或服务已满足其需求和期望的程度的意见，也是客户在消费或使用后感受到满足的一种心理体验。对客户满意程度的调查即客户满意度调查。

示例：

指标	2011 年	2012 年	2013 年
客户满意度（化工）(%)	90.8	91.3	92.9

——《中国石油化工集团公司 2013 社会责任报告》(P97)

核心指标　M2.15 积极应对客户投诉及客户投诉解决率

指标解读：所谓客户投诉，是指客户因对企业产品质量或服务上的不满意，而提出的书面或口头上的异议、抗议、索赔和要求解决问题等行为。本指标是指企业披露报告期内对客户投诉的应对策略及措施，以及整改绩效等。

客户投诉解决率＝客户投诉解决数量/客户投诉总数×100%

3. 科技创新

核心指标　M2.16 支持产品和服务创新的制度

指标解读：本指标主要指在企业内部建立鼓励创新的制度，形成鼓励创新的文化。

示例:

● 2014 年公司科技开发新机制

1 **强化科技开发工作的计划和目标管理**
编制全年公司重点科研项目工作目标分解表,将科技开发工作的各项目标任务全面融入考核

2 **成立 6 个新产品市场开发小组**
更加侧重以效益为导向,筛选出 2014 年重点市场推广新产品,推进产品结构优化

3 **组织多渠道、多形式技术交流和合作**
积极推进与上下游企业的联合开发和结盟,加快研究技术的产业化进程

4 **制定了新的碳纤维发展战略**
通用级碳纤维稳定化、低成本化,高性能碳纤维产业化、系列化,进入中高端应用领域

——《中国石化上海石油化工股份有限公司 2014 社会责任报告》(P17)

扩展指标 **M2.17 科技研发总投入及占收入比**

指标解读: 本指标主要指报告期内企业在科技研发方面投入的资金总额及占营业总收入的比率。

示例:

指 标	2012 年	2013 年	2014 年
研发投入(亿元)	26	28	33

——《中国海洋石油总公司 2014 可持续发展报告》(P9)

扩展指标 **M2.18 科技工作人员数量及比例**

指标解读: 科技工作人员指企业直接从事(或参与)科技活动,以及专门从事科技活动管理和为科技活动提供直接服务的人员。累计从事科技活动的时间占

制度工作时间 50%（不含）以下的人员不统计。

示例：

指　标	2012 年	2013 年	2014 年
科技机构人员数量（人）	7436	7848	8643

——《中国海洋石油总公司 2014 可持续发展报告》(P9)

扩展指标　M2.19 新增专利数

指标解读：本指标主要包括报告期内企业新增专利申请数和新增专利授权数。

示例：

指　标	2012 年	2013 年	2014 年
获授权专利数（项）	570	765	833

——《中国海洋石油总公司 2014 可持续发展报告》(P9)

扩展指标　M2.20 新产品销售额

指标解读：新产品指采用新技术原理、新设计构思研制、生产的全新产品，或在结构、材质、工艺等某一方面比原有产品有明显改进，从而显著提高产品性能或扩大了使用功能的产品。新产品包括全新型新产品和重大改进型新产品两大类。

（1）全新型新产品指与以前制造的产品相比，其用途或者技术设计和材料都有显著变化的产品。这些创新可以涉及全新的技术，也可以基于组合现有技术新的应用，或者源于新的知识的应用。

（2）重大改进型新产品指在原有产品的基础上，产品性能得到显著提高或者重大改进的产品。若产品的改变仅仅是在美学上（外观、颜色、图案设计、包装等）的改变及技术上较小的变化，属于产品差异，不作为新产品统计。

扩展指标　M2.21 重大创新奖项

指标解读：本指标主要指报告期内企业获得的关于产品和服务创新的重大奖项。

示例：

公司坚持"主营业务战略驱动、发展目标导向、顶层设计"的科技发展理念，持续组织实施科技创新三大工程，以科技攻关、研发组织、条件平台和科技保障为核心的科技创新体系进一步完善，创新驱动发展作用显著。2014 年，公司参与的九项成果获得国家科学技术进步奖和国家技术发明奖。

——《中国石油天然气股份有限公司 2014 可持续发展报告》(P14)

（三）伙伴责任（M3）

1. 价值链责任

扩展指标　M3.1 识别并描述企业的价值链及责任影响

指标解读：识别企业的价值链是管理企业社会责任影响的基础。企业应识别其价值链上的合作伙伴及企业对价值链伙伴的影响。

核心指标　M3.2 战略共享机制及平台

指标解读：本指标主要描述企业与合作伙伴（商业和非商业的）建立的战略共享机制及平台，包括但不限于：

（1）长期的战略合作协议；

（2）共享的实验基地；

（3）共享的数据库；

（4）稳定的沟通交流平台等。

示例：

● 致力战略合作

中国石化致力于加强与运营所在地政府、同行、科研机构等利益相关方合作，打造中国石化在资源开发、科技创新、产品购销等方面的核心竞争力，同时带动区域经济发展，实现企业与利益相关方的优势互补和利益共享。

● 政企合作

2010 年 4 月，中国石化与陕西省政府签署战略合作协议——双方表示将充分发挥各自优势，进一步扩大合作领域和规模。

2011 年 12 月，中国石化与海南省政府签署战略合作协议——就推进乙烯、成品油和原油商业储备等重大项目达成了共识。

2013 年 12 月，中国石化与江苏省政府签署战略合作协议——包括乙烯和炼油项目。

2011 年 11 月，中国石化与河南省政府签署战略合作补充协议——同意在天然气管网建设、天然气利用、中原石化基地建设、煤化一体化和油品营销网络设施等方面进一步加强合作。中国石化在河南新增投资超过 1000 亿元。

2012 年 3 月，中国石化与北京市政府签署战略合作协议——联合推广 LNG（液化天然气）清洁能源公交车辆。

——《中国石油化工集团公司 2013 社会责任报告》（P66）

扩展指标　M3.3 推动产业发展的制度与措施

指标解读： 本指标指公司为推动所在行业上、中、下游产业链发展的制度和措施，包括技术升级，行业交流等。

示例：

　　我们以大型工程和建设项目为依托，带动产业技术研发和结构转型升级。以西气东输为例，该工程涵盖了油气勘探、管道建设、天然气销售等方面。工程技术和设备国产化拉动了机械、电力、化工、冶金、建材等相关行业的发展，拓宽了相关企业的市场空间，为企业带来众多潜在的发展机会。

　　西气东输管道主干线用钢约 207 万吨，管材约 175 万吨，折合板带钢约 200 万吨。优质管线用钢是困扰国内冶金行业发展的一个瓶颈。受总体装备水平限制，生产 X70、X80 壁厚较大的直缝焊管，需要国内钢材生产厂家和科研院校等众多企业的共同努力。我们联合国内生产厂家及科研院所等十几家单位开展联合攻关，经过十几年的共同努力，实现了国内管道建设水平从"追赶"到"领跑"的跨越。通过运用联合开发的技术，国内的宝钢集团有限公司、武汉钢铁集团公司等十多家钢厂相继生产出 X70、X80 钢级板材，宝鸡石油钢管有限责任公司和渤海石油装备制造有限公司等企业陆续建成十几条生产线，带动了企业的转型升级，实现了冶金行业产业模式的转变。

——《中国石油天然气集团公司 2013 社会责任报告》（P48）

2. 责任采购

扩展指标　M3.4 责任采购的制度及（或）方针

指标解读： 一般情况下，公司责任采购程度由低到高可分为以下三个层次：

（1）严格采购符合质量、环保、劳工标准，合规经营的公司的产品或（及）服务；

（2）对供应商进行社会责任评估和调查；

（3）通过培训等措施提升供应商履行社会责任的能力。

示例：

中国海油秉承合作共赢、共同发展的理念，不断优化供应链管理。公司进一步优化供应商/承包商管理平台，实施集中统一、分类分级的管理，通过共享供应商与承包商资源信息和改进绩效考核方式，实现了供应链全过程动态管理。

公司通过公开招标、电子招标等方式，借助合规高效的交易手段，为供应商/承包商提供"公开、公平、透明"的参与机会。在准入审核、投标资格预审等环节，对供应商和承包商提供产品和服务的相关资质严格把关；要求他们依法经营、诚实守信，认真履行社会责任；要求他们建立健康、安全、环保管理体系，取得相应的体系认证证书，并将体系执行情况纳入供应商/承包商考核；要求他们签订质量承诺书，对重要产品实行驻厂监造和质量抽查，防范和化解质量风险。对于长年绩效优秀的供应商和承包商，公司将与其建立稳定的战略合作关系。此外，公司还通过工作例会、业务洽谈与技术交流会等方式，与供应商和承包商积极沟通交流，探讨最新的技术趋势与管理实践，为长期合作共赢奠定基础。

——《中国海洋石油总公司 2014 可持续发展报告》（P25）

扩展指标　M3.5 责任采购比率

指标解读： 责任采购比率是指报告期内企业责任采购数量占企业应实行责任

采购的采购总量，公式为：责任采购比率＝责任采购量/应实行责任采购的采购总量×100%。

3. 供应商/承包商责任管理

扩展指标　M3.6 供应商/承包商社会责任评估和调查的程序和频率

指标解读：一般情况下，对供应商进行社会责任审查可分为企业自检或委托第三方机构对供应商履行社会责任情况进行审查。

核心指标　M3.7 供应商/承包商通过质量、环境和职业健康安全管理体系认证的比率

指标解读：供应商或承包商通过质量、环境和职业健康安全管理体系认证可从侧面（或部分）反映供应商或承包商的社会责任管理水平。

> **示例：**
>
> 中国石化不仅成为社会责任的实践者，也是社会责任传播者。中国石化积极分享履责经验，大力推动供应商、承包商、物流商、分销商等利益相关方一起履行社会责任。
>
> 以《中国石化工程市场诚信体系管理办法》为依托，建立了工程资源库，持续加强工程市场诚信体系管理，为项目建设提供了责任保障。进入资源库成员必须取得质量体系认证证书、HSE 体系认证证书或《环境管理体系》（GB/T24000）及《职业健康安全管理体系》（GB/T28000）认证证书，施工单位必须取得安全生产许可证。
>
> ——《中国石油化工集团公司 2013 社会责任报告》（P69）

扩展指标　M3.8 供应商/承包商受到经济、社会或环境方面处罚的个数/次数

指标解读：该指标主要指企业供应商或承包商在经济、社会或环境方面受到政府处罚的个数/次数以及严重程度。

扩展指标　M3.9 协助供应商/承包商在经济、社会或环境方面进行绩效改进的措施及成效

指标解读：该指标主要指企业协助供应商或承包商在经济、社会或环境方面进行改进的措施及成效。

4. 诚信经营

核心指标 **M3.10 诚信经营的理念与制度保障**

指标解读：该指标主要描述确保企业对客户、供应商、经销商以及其他商业伙伴诚信的理念、制度和措施。

示例：

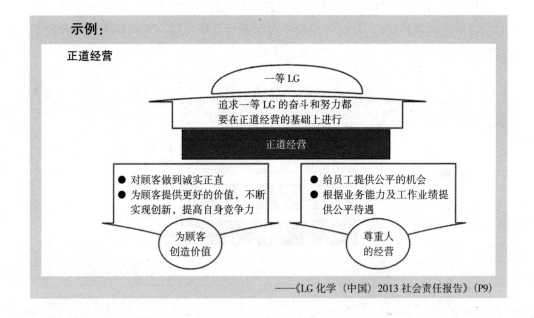

——《LG 化学（中国）2013 社会责任报告》（P9）

核心指标 **M3.11 公平竞争的理念及制度保障**

指标解读：公平竞争主要指企业在经营过程中遵守国家有关法律法规，遵守行业规范和商业道德，自觉维护市场秩序，不采取阻碍互联互通、掠夺性定价、垄断渠道资源、不正当交叉补贴、诋毁同业者等不正当竞争手段。

示例：

我们清晰地认识到，公司的声誉和持续发展更加有赖于诚信合规。我们对违规行为本着"零容忍"的态度，坚持预防为主，加强过程控制，建立统一管理、分工负责、协同联动的管理架构，努力建设覆盖全员、全过程、全方位，制度完善、程序科学、执行到位的合规管理体系。我们严格遵守适用的法律和法规，恪守商业道德，坚持诚实信用原则，推进"阳光交易"，致力于维护公平、公正的竞争秩序，反对任何形式的不正当竞争，真诚、守信、合法地开展对外交易活动。

——《中国石油天然气股份有限公司 2014 可持续发展报告》(P13)

[核心指标] M3.12 经济合同履约率

指标解读： 该指标主要反映企业的管理水平和信用水平。

经济合同履约率＝（截至考核期末实际履行合同份数）/考核期应履行合同总份数×100%

示例：

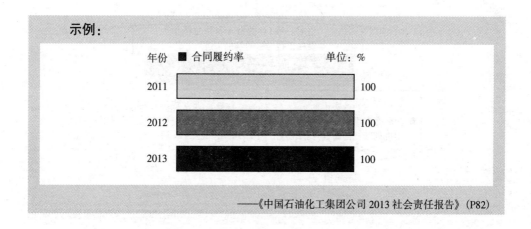

——《中国石油化工集团公司 2013 社会责任报告》(P82)

四、社会绩效（S 系列）

社会绩效主要描述企业对社会责任的承担和贡献，主要包括政府责任、员工责任、安全生产与社区责任四个方面，如图 4-5 所示。

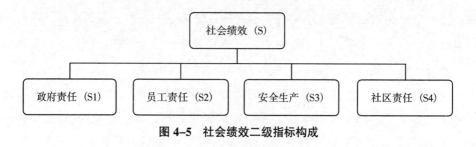

图 4-5　社会绩效二级指标构成

（一）政府责任（S1）

1. 守法合规

核心指标　S1.1 企业守法合规体系

指标解读： 本指标主要描述企业的法律合规体系，包括守法合规理念、组织体系建设、制度建设等。

合规（Compliance）通常包括以下两层含义：①遵守法律法规及监管规定；②遵守企业伦理和内部规章以及社会规范、诚信和道德行为准则等。"合规"首先应做到"守法"，"守法"是"合规"的基础。

> **示例：**
>
> 　公司高度重视诚信合规经营，遵守法律法规、国际惯例和商业道德，坚持以公平诚信原则处理与供应商、客户、政府部门、合作伙伴以及竞争者等利益相关方的关系，以诚信赢得市场、赢得尊重，以合规经营提升公司内在品质和价值。
>
> ——《中国石油天然气集团公司 2013 社会责任报告》(P6)

核心指标　S1.2 守法合规培训

指标解读： 本指标主要描述企业组织的守法合规培训活动，包括法律意识培训、行为合规培训、反腐败培训、反商业贿赂培训等。

> **示例：**
>
> 　公司通过开展管理层廉洁从业培训、廉洁从业优秀领导人员评选表彰活动及"双鉴警示教育"活动，加强廉洁文化建设，构筑拒腐防变的道德防线。
>
> ——《中国石化 2013 可持续发展进展报告》(P7)

核心指标　S1.3 禁止商业贿赂和商业腐败

指标解读： 本指标主要描述企业在反腐败和反商业贿赂方面的制度及措施等。

（1）商业贿赂行为是不正当竞争行为的一种，是指经营者为销售或购买商品而采用财物或者其他手段贿赂对方单位或者个人的行为。

（2）商业腐败按对象可以划分为两种类型：一种是企业普通经营活动中的行贿受贿行为，即通常意义上的商业贿赂；另一种是经营主体为了赢得政府的交易机会或者为获得某种经营上的垄断特权而向政府官员提供贿赂。

示例：

公司持续推进惩治和预防腐败体系建设，努力构建决策科学、执行坚决、监督有力的权力运行体系。2013 年，我们以完善惩治预防腐败体系为重点，加大监督检查、党内巡视和案件查处力度，专项检查关于重大事项决策、重要干部任免、重要项目安排、大额度资金使用的决策制度执行情况，强化"制度＋科技"防控腐败风险，反腐倡廉建设进一步深入。

——《中国石油天然气集团公司 2013 社会责任报告》（P6）

扩展指标　S1.4 企业守法合规审核绩效

指标解读：本指标包括企业规章制度的法律审核率、企业经济合同的法律审核率和企业重要经营决策的法律审核率。

2. 政策响应

核心指标　S1.5 纳税总额

指标解读：依法纳税是纳税人的基本义务。

示例：

创造与分配的经济价值

项　目	2011 年	2012 年	2013 年
营业收入（亿美元）	79	80	82
纳税总额（亿元）	8.40	6.85	7.01

——《LG 化学（中国）2013 社会责任报告》（P60）

核心指标　S1.6 响应国家政策

指标解读：响应国家政策是企业回应政府期望与诉求的基本要求。

示例：

2013 年 5 月，政府提出了碳交易的新政策。而 LG 化学（渤天）生产组的员工在此之前早已经察觉到了新形势的变化，从年初就开始了减少碳排放的工艺改造：降低天然气的使用量。经过近一年的努力，工艺改造取得了令人欣喜的结果：在不增加投资的情况下，当年比 2012 年节省天然气 16 万立方米，节省费用 50 万元以上。

——《LG 化学（中国）2013 社会责任报告》(P27)

核心指标　S1.7 确保就业及（或）带动就业的政策或措施

指标解读：促进经济发展与扩大就业相协调是社会和谐稳定的重要基础。根据《中华人民共和国就业促进法（2007）》，"国家鼓励各类企业在法律、法规规定的范围内，通过兴办产业或者拓展经营，增加就业岗位"、"国家鼓励企业增加就业岗位，扶持失业人员和残疾人就业"。

核心指标　S1.8 报告期内吸纳就业人数

指标解读：企业在报告期内吸纳的就业人数包括但不限于应届毕业生、社会招聘人员、军转复原人员、农民工、劳务工等。

示例：

LG 化学（中国）2013 年带动就业 2365 人。

——《LG 化学（中国）2013 社会责任报告》(P60)

（二）员工责任（S2）

1. 基本权益保护

核心指标　S2.1 劳动合同签订率

指标解读：劳动合同签订率指报告期内企业员工中签订劳动合同的比率。

示例：

指标	2012 年	2013 年	2014 年
劳动合同签订率（%）	100	100	100

——《中国海洋石油总公司 2014 可持续发展报告》(P9)

扩展指标 **S2.2 集体谈判与集体合同覆盖率**

指标解读：集体谈判是工会或个人组织与雇主就雇佣关系等问题进行协商的一种形式，其目的是希望劳资双方能够在一个较平等的情况下订立雇佣条件，以保障劳方应有的权益。

集体合同是指企业职工一方与用人单位就劳动报酬、工作时间、休息休假、劳动安全卫生、保险福利等事项，通过平等协商达成的书面协议。集体谈判是签订集体合同的前提，签订集体合同必须要进行集体协商。

示例：

集体合同谈判覆盖率为 100%。

——《中国石油化工集团公司 2013 社会责任报告》(P96)

核心指标 **S2.3 民主管理**

指标解读：根据《公司法》、《劳动法》、《劳动合同法》等规定，企业实行民主管理主要有三种形式：职工代表大会，厂务公开以及职工董事、职工监事等。此外，职工民主管理委员会、民主协商会、总经理信箱等也是民主管理的重要形式。

示例：

公司坚持完善以职工代表大会为基本形式的企业民主管理制度和厂务公开制度，坚持履行民主程序、明确公开项目、充实公开内容，通过多层次公开交流，与员工沟通，积极听取员工意见，鼓励员工依法参与企业决策。保障员工知情权、表达权、参与权和监督权。

2013 年，我们深入开展群众路线教育实践活动，多方式多角度听取基层意见，充分调动广大员工的积极性。

——《中国石油天然气集团公司 2013 社会责任报告》(P33)

扩展指标 **S2.4 参加工会的员工比例**

指标解读：根据《工会法》、《中国工会章程》等规定，所有符合条件的企业都应该依法成立工会，维护职工合法权益是工会的基本职责。

示例:

员工工会入会率达到 100%。

——《中国石油化工集团公司 2013 社会责任报告》(P96)

扩展指标 S2.5 通过员工申诉机制申请、处理和解决的员工申诉数量

指标解读: 员工申诉是指员工在工作中认为受到不公正待遇或发现企业经营中不合规的行为等,通过正常的渠道反映其意见和建议。依据申诉对象的不同,员工申诉可分为企业内部申诉和企业外部申诉,即劳动仲裁,本指标所指的员工申诉主要指企业内部申诉。

示例:

人权问题处理机制

LG 化学(中国)在 2013 年未接到人权问题申诉事件。

——《LG 化学(中国)2013 社会责任报告》(P63)

扩展指标 S2.6 雇员隐私管理

指标解读: 员工具有工作隐私权,赋予雇员隐私权是对雇员人格尊严的尊重。企业应建立覆盖招聘、考核等各人力资源管理环节的隐私管理体系。

示例:

员工是行为守则中最基本的关注点。包括平等待人、赋予尊严,并给每个人平等的机会,创造一个受尊重、无骚扰的工作场所,保护雇员隐私并保守秘密。

——《英国石油公司 2014 可持续发展报告》(P26)

扩展指标 S2.7 兼职工、临时工和劳务派遣工权益保护

指标解读: 劳务派遣工指与由劳动行政部门资质认定、经工商部门注册登记的劳务型公司签订劳动合同或劳务合同后向实际用工单位进行劳务输出,从事劳动服务的一种用工形式,劳动者与劳务型公司建立劳动关系或劳务关系,由劳务型公司按规定发放工资、缴纳社会保险费,劳动者与劳务输入的实际用人单位不

发生劳动关系和劳务关系，只是从事劳动服务。兼职工、临时工和劳务派遣工的权益保护问题主要包括同工同酬、福利待遇、职业培训与发展等。

> **示例：**
>
> 2013 年，我们严格贯彻落实《劳动合同法》和国家相关法律法规，研究编制了调整用工模式、规范劳务工管理工作方案，配套编制了《岗位用工配置规范》，制定实施了规范劳务工劳动报酬的意见，进一步规范了劳务工管理。
>
> ——《中国石油化工集团公司 2013 社会责任报告》(P47)

扩展指标 **S2.8 员工满意度**

指标解读：员工满意度是指员工接受企业的实际感受与其期望值比较的程度，即员工满意度=实际感受/期望值。员工满意度也称雇员满意度，是企业的幸福指数，是企业管理的"晴雨表"，是团队精神的一种参考。

> **示例：**
>
> 来自心理咨询机构的调查资料显示，中国海油员工对企业的满意度、忠诚度和敬业度都高出全国平均水平。以海油工程为例，高满意度员工比例为46.1%，高于全国平均水平 4 个百分点。
>
> ——《中国海洋石油总公司 2014 可持续发展报告》(P71)

扩展指标 **S2.9 员工流失率**

指标解读：员工年度流失率=年度离职人员总数/(年初员工总数+年度入职人员总数)

> **示例：**
>
> | 指　标 | 2012 年 | 2013 年 | 2014 年 |
> | --- | --- | --- | --- |
> | 员工流失率（%） | 1.6 | 1.7 | 1.7 |
>
> ——《中海油服 2014 可持续发展报告》(P3)

2. 薪酬福利

核心指标　S2.10 按运营地划分员工最低工资和当地最低工资的比例

指标解读：员工最低工资是指劳动者在法定工作时间提供了正常劳动的前提下，其所在用人单位必须按法定最低标准支付给劳动者的劳动报酬，其中不包括加班工资、特殊工作环境的津贴、法律法规和国家规定的劳动者福利待遇等。各地最低工资标准由省、自治区、直辖市人民政府规定。

核心指标　S2.11 社会保险覆盖率

指标解读：本指标主要指企业正式员工中"五险一金"的覆盖比例。

示例：

指　标	2012 年	2013 年	2014 年
社会保险签订率（%）	100	100	100

——《中国海洋石油总公司 2014 可持续发展报告》(P9)

扩展指标　S2.12 超时工作报酬

指标解读：企业为超出法定工作时间而支付的报酬总额。其中，法定工作时间由政府规定。

扩展指标　S2.13 每年人均带薪年休假天数

指标解读：带薪年休假是指劳动者连续工作一年以上，就可以享受一定时间的带薪年假。其中，职工累计工作已满 1 年不满 10 年的，年休假 5 天；已满 10 年不满 20 年的，年休假 10 天；已满 20 年的，年休假 15 天。具体操作可参考 2007 年 12 月 7 日国务院第 198 次常务会议通过的《职工带薪年休假条例》。

核心指标　S2.14 按雇佣性质（正式、非正式）划分的福利体系

指标解读：福利是员工的间接报酬，包括但不限于为减轻职工生活负担和保证职工基本生活而建立的各种补贴、为职工生活提供方便而建立的集体福利设施、为活跃职工文化生活而建立的各种文化体育设施等。

示例：

我们强化海外薪酬福利规范管理，及时调整了海外员工属地化薪酬标准，提高海外员工待遇保障水平。

——《中国石油化工集团公司 2013 社会责任报告》(P48)

3. 平等雇佣

核心指标 S2.15 女性管理者比例

指标解读：管理人员主要指具体从事经营管理的人员，包括各级经理人如规划计划、人力资源、市场营销、资本运营、财务审计、生产管理、法律事务、质量安全环保、行政管理等部门经理、主管等。

示例：

项　目	2011 年	2012 年	2013 年
人数（人）	8	10	12
占比（%）	9.1	9.3	9.9

管理者指 LG 化学（中国）各法人中的总监级以上的管理人员。

——《LG 化学（中国）2013 社会责任报告》(P62)

扩展指标 S2.16 少数民族或其他种族员工比例

指标解读：本指标主要指公司内部正式员工中少数民族或其他种族员工所占比例。

示例：

2013 年少数民族员工占公司员工总数的比率为 2.2%。

——《中国石油化工集团公司 2013 社会责任报告》(P97)

扩展指标 S2.17 残疾人雇佣率或雇佣人数

指标解读：根据《中华人民共和国就业促进法》规定，"国家保障残疾人的劳动权利，用人单位招用人员，不得歧视残疾人"。

4. 职业发展

核心指标 S2.18 员工职业发展通道

指标解读：职业通道是指一个员工的职业发展计划，职业通道模式分为三类：单通道模式、双通道模式、多通道模式。按职业性质又可分为管理类、技术类、研发类职业通道。

示例：

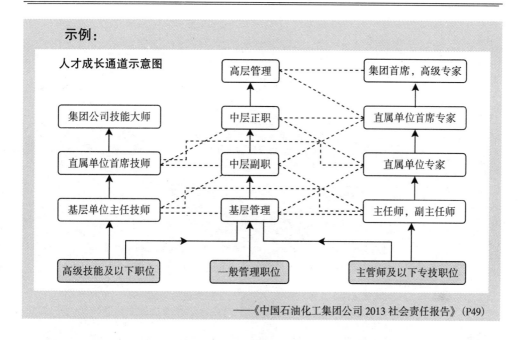

人才成长通道示意图

——《中国石油化工集团公司 2013 社会责任报告》（P49）

核心指标　S2.19 员工培训体系

指标解读： 企业员工培训体系是指在企业内部建立一个系统的、与企业的发展以及员工个人成长相配套的培训管理体系、培训课程体系、培训师资体系以及培训实施体系。

示例：

基于 LG Way "尊重人的经营" 的理念，LG 化学特别重视人才的招聘、培养与保留。为保证人才的系统化培养和持久经营，LG 化学中国地区实施了 HPI（High Potential Individual）、360 度评价项目等核心人才发展和培养项目。

全社员教育

全社员教育是 LG 化学中国地区全体职员均可参加的培训项目，通过职能培训、业务技能培训、企业文化、革新、语言等培训，使公司具备初级竞争力，提高专业度。

LG 化学（中国）人才培养

核心人才培养

这一级别的培训对象为公司全体职员的 5%，旨在确保公司核心人才的竞争力。通过赋予核心人才挑战性课题、使其拥有积极全面的工作经验，确保本地化中高层管理者的本地化储备。

Top Leader 培养

Top Leader 的培养则是为高层经营者选定本地核心人才所开展的培训活动，由 LG 化学韩国总部主导进行。通过全球化的视角，培养高层海外工作者。

——《LG 化学（中国）2013 社会责任报告》(P33)

核心指标 S2.20 员工培训绩效

指标解读：本指标主要包括人均培训投入、人均培训时间等培训绩效数据。

示例：

全年远程培训注册人数达 43.5 万人。

年内完成培训课程 240 多万课次。

员工远程学习总学时数达到 1700 多万小时。

——《中国石油化工集团公司 2013 社会责任报告》(P51)

5. 职业健康

扩展指标 S2.21 职业健康与安全委员会中员工的比例

指标解读：职业健康与安全（管理）委员会是企业对员工职业健康与安全进

行管理的最高机构，员工担任委员会成员可以确保员工利益真正得到保证。

核心指标　S2.22 职业病防治制度

指标解读：企业需根据《中华人民共和国职业病防治法》以及《工作场所职业卫生监督管理规定》等政策法规，结合行业特征和企业实际，建立本企业的职业病防治制度。

示例：

公司重视员工职业健康，规范职业健康管理，突出职业病危害防控，2013 年员工职业健康体检率保持在 94% 以上，作业场所职业病危害因素检测率保持在 92%。重视改善施工作业环境和心理健康监护管理，采取积极措施保障员工身心健康。

——《中国石油天然气集团公司 2013 社会责任报告》（P37）

核心指标　S2.23 职业安全健康培训及绩效

指标解读：职业安全健康培训主要指企业针对员工开展的关于职业安全健康知识、预防等内容的培训。

示例：

强化职业健康培训，提高职业健康管理水平。公司专门组织了职业健康管理人员参加职业卫生专项技能提升培训暨研讨会，组织"预防噪声聋——制定听力保护计划"研讨会，聘请国际知名机构的听力防护专家进行授课，系统介绍了噪声基本知识、噪声危害和防护等，并在会中采取教师与学员互动、器材演示的方式，取得了良好效果。

——《中国海洋石油总公司 2014 可持续发展报告》（P68）

核心指标　S2.24 职业病年发病率

指标解读：本指标指企业在报告期内员工职业病发病人数与员工总数的比值。

扩展指标　S2.25 工伤预防制度和措施

指标解读：工伤预防是指事先预防职业伤亡事故以及职业病的发生，减少事故及职业病的隐患，改善和创造有利于健康的、安全的生产环境和工作条件，保护劳动者在生产、工作环境中的安全和健康。

示例：

　　劳动防护有效保障了员工在生产作业过程中的安全与健康。2013 年，我们制定了《劳动防护用品监督检验管理规定》、《职业病诊断与职业病人管理规定》。在夏季高温季节采取有效防暑降温措施。编辑出版《重大职业中毒防治指南》、《中国石化职业卫生读本》、《石化职防报》和《职业健康与劳动保护信息》。

　　　　　　　　　　　　——《中国石油化工集团公司 2013 社会责任报告》（P26）

扩展指标　S2.26 员工心理健康制度/措施

　　指标解读：员工心理健康是企业成功的必要因素，企业有责任营造和谐的氛围，帮助员工保持心理健康。

示例：

　　中国海油围绕员工心理健康开展了大量工作，每个平台设置心理疏导员，有安全监督心理干预、一线亲情电话等海上员工项目。公司连续多年大力推进员工健康教育、员工亚健康管理、EAP 项目（心理帮助计划）、设立健康总监、协同办公平台建设健康管理模块等工作，还利用 QQ 咨询热线、阳光短信和宣传海报等手段对不同工种和年龄段的员工进行心理护理，让全体员工受益。

　　　　　　　　　　　　——《中国海洋石油总公司 2014 可持续发展报告》（P71）

核心指标　S2.27 体检及健康档案覆盖率

　　指标解读：本指标指企业正式员工中年度体检的覆盖率和职业健康档案的覆盖率。

示例：

指　标	2012 年	2013 年	2014 年
全员体检及健康档案覆盖率（%）	98.2	99	99

　　　　　　　　　　　　——《中海油服 2014 可持续发展报告》（P23）

扩展指标 S2.28 向兼职工、劳务工和临时工及分包商职工提供同等的健康和安全保护

指标解读：企业应向兼职工、劳务工和临时工及分包商职工提供同等的健康和安全保护。

> **示例：**
>
> 针对海外员工作业地偏远、医疗设施缺乏、生活条件比较艰苦等特殊情况，我们持续开展"送健康送阳光到海外"活动，派出医疗队前往海外，针对海外员工身体情况进行答疑和指导，并提供健康咨询，帮助员工消除心理障碍。2013 年，我们的医疗小分队在乍得共为员工体检 342 人次，开展 7 场心理辅导讲座，近 400 名员工受益，并对其中的 73 人进行一对一咨询访谈。
>
> ——《中国石油天然气集团公司 2013 社会责任报告》(P38)

6. 员工关爱

核心指标 S2.29 困难员工帮扶措施及投入

指标解读：本指标主要指企业在帮扶困难员工方面的政策措施以及资金投入。

> **示例：**
>
> 公司坚持"以人为本、关爱员工"的理念，持续关注困难员工，并给予物质和精神上的支持与关心。2014 年，公司在《困难职工补助管理办法》的基础上进一步规范和完善扶贫济困工作机制，制定了《扶贫济困管理办法》，建立中海油服扶贫济困基金池，持续开展生活救助、员工子女助学、结对帮扶等工作。2014 年，我们一如既往开展困难职工走访慰问和"送温暖"等活动，全年共慰问困难员工 412 人次，送去慰问金 73 万元。
>
> ——《中海油服 2014 可持续发展报告》(P47)

扩展指标 S2.30 为特殊人群（如孕妇、哺乳妇女等）提供特殊保护

指标解读：本指标主要指企业为孕妇、哺乳妇女等特殊人群提供的保护设施、保护措施以及特殊福利待遇。

示例：

我们在各级工会组织中建立了女工委员会，致力于减少和解决女性员工在工作中的特殊困难，维护女性员工基本权益，不断改善女性员工的工作环境和工作条件，落实女性员工孕产期、哺乳期休假规定。

——《中国石油化工集团公司 2013 社会责任报告》（P48）

扩展指标 S2.31 尊重员工家庭责任和业余生活，确保工作生活平衡

指标解读：工作生活平衡又称工作家庭平衡，是指企业帮助员工认识和正确看待家庭同工作间的关系，调和工作和家庭的矛盾，缓解由于工作家庭关系失衡而给员工造成的压力。

示例：

2013 年，公司举办了主题为"青春责任与石油梦想"青年英语演讲比赛，建立了职工书屋，进一步丰富了员工精神文化生活。中国石油塔里木油田建成数字图书馆，为员工提供了公共文化服务和企业信息服务的平台。中国石油东方物探公司通过举行员工文艺会演、社区文艺巡演、书法美术摄影剪纸作品展以及诗歌散文获奖作品展等活动，促进员工身心健康和全面发展。

——《中国石油天然气集团公司 2013 社会责任报告》（P39）

（三）安全生产（S3）

1. 安全生产管理

核心指标 S3.1 安全生产管理体系

指标解读：本指标主要描述企业建立安全生产组织体系、制定和实施安全生产制度、采取有效防护措施等，以确保员工安全的制度和措施。

示例：

1. 安全组织体系

我们建成较为完善的安全管理组织体系，确保安全职责纵向到底、横向到边，全面覆盖我们的业务和管理链条。坚持"谁主管谁负责"、"一岗双

责"、"有岗必有责"原则，层层落实安全责任。

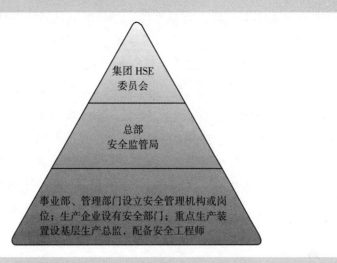

2. 安全制度体系

制度是高效开展安全管理工作的基础。我们以责任制为根本，建立一整套覆盖生产经营全过程的安全制度体系，并随着业务发展、环境变化和内外要求的提高，不断健全完善。2013 年，全面梳理各项安全制度，制定和修订各类制度 10 项、标准 8 项。

3. 安全文化体系

安全文化是安全管理的灵魂。我们倡导"为生命安全健康和家庭幸福而工作"的安全文化，确保安全理念内化于心。通过各种形式增强全员安全意识，努力让"我要安全"的理念扎根员工心灵深处，克服麻痹侥幸心理，时时、处处、事事绷紧安全这根弦。2013 年，我们制定《中国石化安全文化建设指导意见》，引领、指导各企业开展安全文化建设。

——《中国石油化工集团公司 2013 社会责任报告》（P24）

核心指标 S3.2 安全应急管理机制

指标解读：本指标主要描述企业在建立应急管理组织、规范应急处理流程、制定应急预案、开展应急演练等方面的制度和措施。

示例：

持续完善海上移动应急指挥系统。完成海上移动应急指挥通信系统建设，该系统已覆盖渤海、东海、南海东部、南海西部"四大海域"，实现公司总部、各区域公司、综合应急管理平台的多点联合调配、统一管理，为应急管理实现集约化、精细化、扁平化提供硬件和软件支撑，为海上应急处置提供通信保障，促进了中国海油整体应急响应能力的提升。

建立全球应急资源管理平台。统筹安排、全面掌握应急物资储备和能力储备，加强跨地区的应急物资协同保障。全球应急资源管理平台实现了应急资源信息普查、网上填报、实时查询、动态跟踪，建立应急资源数据库，为应急救援协调指挥、提高应急处置能力提供支撑。

——《中国海洋石油总公司 2014 可持续发展报告》（P30）

2. 安全教育与培训

核心指标 S3.3 安全教育与培训

指标解读： 本指标主要描述企业为提高安全生产水平开展的安全教育与培训活动。

示例：

LG 化学（中国）面向全体员工及中国地区各法人积极开展职业安全与健康培训，尤其是针对新员工、变换职务员工，以及特殊工作劳动者的安全健康培训，同时结合应急演练等实践操作，丰富员工安全健康知识，提升健康安全意识，提高面对安全问题的应对能力。

——《LG 化学（中国）2013 社会责任报告》（P42）

核心指标 S3.4 安全培训绩效

指标解读： 本指标主要包括安全培训覆盖面、培训次数等数据。

示例：

指　标	2011 年	2012 年	2013 年
安全培训投入（万元）	85.33	91.51	108.35
安全培训人次（人）	17576	18504	20225
安全培训覆盖率（%）	100	100	100

——《LG 化学（中国）2013 社会责任报告》(P43)

3. 安全生产绩效

核心指标　S3.5 安全生产投入

指标解读： 本指标主要包括劳动保护投入、安全措施投入、安全培训投入等方面的费用。

示例：

指　标	2011 年	2012 年	2013 年
安全生产投入（万元）	7678.86	5273.35	4912.3

——《LG 化学（中国）2013 社会责任报告》(P43)

核心指标　S3.6 安全生产事故数

指标解读： 本指标为定量指标，统计报告期内安全生产事故数。

示例：

指　标	2011 年	2012 年	2013 年
上报事故数（起）	11	3	3

——《中国石油化工集团公司 2013 社会责任报告》(P96)

核心指标　S3.7 百万工时死亡率

指标解读： 本指标是指在报告期内每百万工时因工伤事故造成的员工死亡总人数。

示例：

指　标	2009 年	2010 年	2011 年	2012 年	2013 年
百万工时死亡率（人/百万工时）	0.009	0.015	0.007	0.003	0.0047

——《中国石油天然气集团公司 2013 社会责任报告》（P54）

4. 供应链安全管理

扩展指标　S3.8 供应链安全管理体系

指标解读： 供应链安全管理是指企业选择、评估供应商/承包商时注重其在安全管理方面的情况，以及通过自身能力帮助供应商/承包商加强安全管理的措施及成效。

示例：

公司的生产经营离不开合作伙伴的参与，对他们的安全管理是实现本质安全的重要保障，是公司 HSE 管理的重要一环。我们把源头控制、过程监督作为安全管理的关键，严把供应商和承包商的准入、考核等重要环节的过程控制。在供应商准入和考核等环节，增加有关安全标准和规范的具体要求，努力防范和化解安全风险，强化物资采购供应链风险管控意识，将风险管控向供应商上游延伸。发布《工程建设承包商年度评价实施细则》，进一步规范承包商管理。对承包商实行作业全过程安全监督检查，保证承包商作业符合健康安全标准。

——《中国石油天然气集团公司 2013 社会责任报告》（P22）

5. 运输、设备和公共安全管理

核心指标　S3.9 确保运输安全管理体系（包含产品运输安全、油气运输安全等）

指标解读： 本指标主要描述企业在确保运输安全方面的制度和措施。

示例：

为加强危险化学品运输车辆管理，开展了危化品车辆和船舶检查认证工作。根据检查结果进行了规范和整改，对个别老旧设备和老旧船舶实行了淘汰弃用。继续推广 GPS 移动监控系统，已在 7000 多辆承运商车船上安装了监控设备。开展危化品密闭装卸系统建设，以避免装卸污染和安全事故。

——《中国石油化工集团公司 2013 社会责任报告》(P63)

核心指标　S3.10 设备安全管理体系

指标解读：设备是企业的主要生产工具，是实现施工工艺的重要条件，是企业可持续发展的必备条件。设备的优劣对生产效率、生产质量以及安全生产均有重大的影响。本指标主要描述企业在维护设备安全管理等方面的制度和措施。

核心指标　S3.11 确保公共安全的制度与措施

指标解读：加油站、炼油厂及化工厂等设备设施的安全情况不仅事关企业的平稳运行，更关系周边人民群众的安全。本指标主要描述企业为确保生产活动稳定运行，避免因生产事故影响周边群众安全所采取的制度和措施。

示例：

2013 年，继续开展"平安油区"和"平安管道"建设专项检查。配合地方公安机关，重点开展打击涉油犯罪专项行动。配合公安部组织跨省区、跨警种联合行动。积极探索推广先进巡护机制，在企业的管道巡护中推广"手持 GPS 定位巡线系统"。推进镇海石油商业储备基地国家反恐项目建设。全年涉油案件同比下降 3.5%，打孔盗油同比下降 7.4%。

2013 年，我们继续完善境外公共安全管理制度体系。实地开展境外公共安全风险评估，采取更有针对性的防范措施。加强境外公共安全和 HSE 监督检查工作。积极推进安保设施和安保队伍建设。积极协调妥善处置境外突发事件，连续 5 年保持境外公共安全"零死亡"纪录。

——《中国石油化工集团公司 2013 社会责任报告》(P27)

（四）社区责任（S4）

1. 社区发展

核心指标　S4.1 评估企业进入或退出社区时对社区环境和社会的影响

指标解读：企业在新进入或退出社区时，除进行纯商业分析之外，还应该预先进行社区环境和社会影响评价与分析，积极采纳当地政府、企业和居民的合理建议。

示例：

我们持续关注当地的民生和社会进步，积极参与社会公益事业，大力回报社会。我们努力最小化业务运营对社区带来的不利影响，并最大化积极影响。通过在消除贫困、捐资助学、关爱健康和支持社区建设等方面做出的努力，我们努力建设良好的社区关系，持续惠及当地社区，服务当地人民。

——《中国石油化工集团公司 2013 社会责任报告》（P88）

扩展指标　S4.2 新建项目执行环境和社会影响评估的比率

指标解读： 在我国，企业新建项目必须执行环境评估，但执行社会影响评估的企业比率较低。

核心指标　S4.3 与非自愿迁移相关的措施及成效

指标解读： 本指标是指企业在开展和推进项目时，应对社区居民非自愿迁移的制度及措施。

核心指标　S4.4 社区代表参与项目建设或开发的机制

指标解读： 企业新建项目时需建立与社区代表的定期沟通交流等机制，让社区代表参与项目建设与开发。

示例：

搭建沟通平台，提升项目透明度。

我们也注重丰富沟通渠道和平台，便于社区获取与自身密切相关的信息，提升项目的透明度。2013 年，中国石油广西石化和四川石化相继采取多种形式，邀请社会公众考察石化项目，听取意见，接受监督。2013 年 5 月 8 日，中国石油四川石化公司邀请成都市人大代表、政协委员、民主党派、环保局、部分高校以及地方媒体等多个利益相关方代表，分批实地参观调研四川石化炼化一体化项目。四川石化炼化一体化项目的科技含量和安全环保风险管控受到了代表们的认可。西南石油大学宋宵认为，四川石化项目不少工艺处于国际领先水平，如全加氢环保型工艺、催化再生烟气治理工艺

等。成都中医药大学罗晓红表示:"之前都是从网上获取信息,信息的沟通不畅,肯定会有很多顾虑。今天通过实地调研,打消了顾虑。"

2013 年,我们还邀请《人民日报》、新华社、中央电视台、中央人民广播电台、《中国青年报》、《经济日报》、《香港文汇报》等 18 家主流媒体参与"感知中国石油——走进广西石化"活动。活动结束后媒体认为,广西石化在为经济发展提供清洁能源的同时,实现了与环境的和谐发展。国家环境保护部部长周生贤在广西石化调研结束后指出:"这个项目代表了我国石化行业环境保护的最高水平,其经验值得总结推广。"

——《中国石油天然气集团公司 2013 社会责任报告》(P51)

扩展指标 S4.5 企业开发或支持运营所在社区中具有社会效益的项目

指标解读:企业可通过支持社区成员创业、与社区成员共享企业的福利设施等形式,促进运营所在社区的经济社会发展。

示例:

中国石化哥伦比亚公司在油田社区举行了"创业思路竞赛",以"创新、可持续、增加就业"理念为指导,征集创业方案,得到社区居民的积极响应。油田社区中有为数不少的"单身妈妈",需独自承担家庭经济与生活重担,哥伦比亚公司联系当地政府与纺织机械供应商,组织纺织与手工制作技能培训,组建微型社会企业,帮助她们获得更加稳定的收入。我们与农业技术专家密切合作,利用基因技术对油田社区奶牛等牲畜进行基因改良,促进社区经济发展。

——《中国石油化工集团公司 2013 社会责任报告》(P87)

2. 本地化运营

核心指标 S4.6 员工本地化政策

指标解读:员工本地化是指企业在运营过程中应优先雇佣所在地劳动力。其中,员工本地化最重要的是管理层(尤其是高级管理层)的本地化。

> **示例：**
>
> LG 化学积极制定并实施人才本地化战略。自 LG 化学进入中国以来，中方本地职员所占比率保持持续不断上升的趋势。
>
> ——《LG 化学（中国）2013 社会责任报告》（P39）

扩展指标　S4.7 本地化雇佣比例

指标解读：本指标主要指本地员工占运营所在地机构员工的比例。

> **示例：**
>
> 2013 年，中国区本地化率为 98.02%。未来，LG 化学将加大本地化程度，大力提高中方员工在公司管理层中的比重。
>
> ——《LG 化学（中国）2013 社会责任报告》（P39）

扩展指标　S4.8 按主要运营地划分，在高层管理者中本地人员的比率

指标解读：本指标主要指运营所在地机构中高层管理者的本地化比例。

扩展指标　S4.9 本地化采购政策

指标解读：本地化采购指企业在所在区域市场内直接采购原材料或者中间产品，实现资源的快速配置。本指标是指企业在本地化采购方面采取的措施以及本地化采购的比例。

> **示例：**
>
> 我们积极推进项目的本土化。在中缅油气管道施工期间，我们尽最大可能使用当地劳动力，扩大本地采购。累计用工超过 290 万人次，220 多个缅甸企业参与其中。我们还出资用于改善管道沿线地区教育、医疗、电力等基础设施建设水平，提高沿线百姓的生活质量。
>
> ——《中国石油天然气集团公司 2013 社会责任报告》（P51）

3. 社会公益

核心指标　S4.10 企业公益方针或主要公益领域

指标解读：本指标主要指企业的社会公益政策以及主要的公益投放领域。

示例：

LG 化学为发展成为履行社会责任、获取公众信任、受到社会尊敬的企业，在中国地区积极开展社会贡献活动。自 2010 年 9 月起，LG 化学在中国多地贫困中小学捐建卫生设施，为青少年的健康成长创造良好的卫生环境；并通过拜访所在地区生活贫困的居民，向他们提供援助与服务，包括老人、残疾人、生活经济贫穷的人等；助力社区发展也是 LG 化学履行社会责任的重要部分，LG 化学中国地区法人积极开展有意义的社会贡献活动。

LG 化学"爱心卫生间"活动历程

2010 年 9 月	河北省沧州市东光县铁西学校
2011 年 5 月	天津市蓟县罗庄子镇翟庄小学
2012 年 5 月	河北省承德市平泉县七沟镇西崖门子中心小学
2013 年 1 月	安徽省舒城县千人桥鲍桥小学
2013 年 9 月	河北省故城县古城镇中心小学
2013 年 11 月	河北省万全县郭磊庄何家屯小学

——《LG 化学（中国）2013 社会责任报告》（P50~57）

扩展指标 **S4.11 企业公益基金/基金会**

指标解读：本指标主要描述企业成立的公益基金/基金会，以及公益基金会/基金会的宗旨和运营领域。

示例：

中国石化 Addax 公司通过"中国石化 Addax 公益基金会"专注于非洲和中东落后地区的健康、教育和环境公益活动。

——《中国石油化工集团公司 2013 社会责任报告》（P86）

扩展指标 **S4.12 海外公益**

指标解读：本指标包括企业在中国大陆之外开展的公益活动和企业向中国大陆以外地区的捐赠等。

示例：

2013 年，中国石化哥伦比亚公司修建寄宿制学校，对现有学校进行维护并提供学习用品。同时，为部分社区学校安装宽带互联网，拓展学生视野，提高当地教育质量。针对部分成绩优秀但家庭贫困的学生，实行"圆梦"助学计划，不仅提供奖学金以及给予生活补助，还为学生提供心理与情感援助。目前已有 24 名学生在公司资助下顺利进入了大学或完成学业。

——《中国石油化工集团公司 2013 社会责任报告》（P86）

核心指标　S4.13 捐赠总额

指标解读：本指标主要指企业年度资金捐助以及年度物资捐助总额。

示例：

2013 年，公司积极参与社会公益事业，不断推进企业与社会的和谐发展，向社会捐赠折合人民币约 3 亿元。

——《中国石油化工集团公司 2013 社会责任报告》（P70）

核心指标　S4.14 企业支持志愿者活动的政策、措施

指标解读：志愿服务是指不以获得报酬为目的，自愿奉献时间和智力、体力、技能等，帮助他人、服务社会的公益行为。本指标是指企业支持志愿者活动相应的政策、措施。

示例：

LG 化学中国地区各法人支持员工组成志愿者团体参与各种志愿活动。在 2013 年，由员工志愿者组织各种形式的知识课堂，拓展了青少年的知识领域。

——《LG 化学（中国）2013 社会责任报告》（P52）

核心指标　S4.15 员工志愿者活动绩效

指标解读：本指标主要指志愿者活动的时间、人次等数据。其中，志愿服务时间是指志愿者实际提供志愿服务的时间，以小时为计量单位，不包括往返交通时间。

五、环境绩效（E 系列）

环境绩效主要描述企业在节能减排、环境保护等方面的责任贡献。石油化工业的环境绩效责任主要包括绿色经营、绿色工厂、绿色产品、应对气候变化和绿色生态五大板块，如图 4-6 所示。

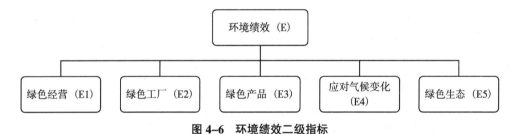

图 4-6 环境绩效二级指标

（一）绿色经营（E1）

绿色经营包括环境管理、环保培训、环境信息沟通、绿色办公四个板块，每个板块下有若干指标。

1. 环境管理

核心指标 E1.1 建立环境管理组织体系和制度体系

指标解读：企业应建立环境管理组织负责公司的环境管理工作，并制定相应的计划、执行、检查、改进等环境管理制度。

示例：

中国海油秉承"绿色、低碳、清洁与循环经济"的发展理念，加大了"资源节约型、环境友好型"企业建设力度。公司不断完善环保管理制度，持续加强建设项目的全过程环保管理，将环境保护融入日常生产经营，有效减少环境风险隐患，实现了企业与环境的可持续发展。

公司按照"事后控制不如事中控制，事中控制不如事前控制，事前控制不如全过程控制"的管理原则，依托中国海油环保管理信息系统，推动以严格环评管理、污染物排放达标和总量控制管理，以及统筹减排管理为重点的环境保护全过程管理。此系统覆盖中国海油所属各层级单位、全方位的污染物排放数据填报、统计、监管与预警体系，实现了"横到边、纵到底"的环保精细化管理。

——《中国海洋石油总公司 2014 可持续发展报告》（P42）

扩展指标　E1.2 环保预警及应急机制

指标解读：企业应建立环境预警机制，以识别、监测和评估潜在的事故或紧急情况，采取措施预防和减少可能的环境影响，针对各种环境事故制定并演练应急预案。

示例：

为加强运营期环保管理工作，公司修订了《海上油气田防污染记录表填报细则》《环境事件报告细则》，规范了污染物排放的管理以及环境污染事件应急处置。按照《环保专项督察实施细则》等管理规定的要求，公司持续开展所属生产单位的环保专项督察，全年共督察中捷石化、东营石化、炼化山东公司、绥中原油终端、山东海化、惠州炼油等单位；针对环保设施改造项目，开展了对中捷石化、东营石化、绥中原油终端、天野化工、莆田电厂等所属单位的监督性环境监测，对发现的隐患持续整改，有力强化了公司的环保管理。

——《中国海洋石油总公司 2014 可持续发展报告》（P42）

扩展指标　E1.3 参与或加入的环保组织或倡议

指标解读：本指标包括两方面的内容：企业加入的环保组织和企业参与的环保倡议。

核心指标　E1.4 企业环境影响评价

指标解读: 根据《中华人民共和国环境影响评价法》,环境影响评价是指对规划和建设项目实施后可能造成的环境影响进行分析、预测和评估,提出预防或者减轻不良环境影响的对策和措施,以及进行跟踪监测的方法与制度。

除国家规定需要保密的情形外,对环境可能造成重大影响、应当编制环境影响报告书的建设项目,建设单位应当在报批建设项目环境影响报告书前,举行论证会、听证会,或者采取其他形式,征求有关单位、专家和公众的意见。

示例:

对于新建项目,公司坚持从源头控制入手,加强建设项目环境风险预评价、环境影响评价及设计阶段本质环保,防范项目前期环境风险。项目建设期引入环境监理管控程序,同时加强建设项目"三废"技术审查及管理,强化环评变更情况管理、环保设施标定监测,为有效推进项目合规、高效的运营提供了保障。2014 年,公司通过修订《环境影响评价管理细则》及《三同时及竣工验收管理细则》,制定《建设项目环境监理实施细则》及其配套指南,为细化建设项目各阶段的环境管理要求提供了制度基础。

——《中国海洋石油总公司 2014 可持续发展报告》(P42)

核心指标 E1.5 环保总投资

指标解读: 本指标指年度投入环境保护的资金总额。

示例:

2011~2013 年,环境保护总投资 26 亿元,有力地保证了环境保护治理方案的顺利推进,提升了环保效果。

——《陕西延长石油(集团)有限责任公司 2013 社会责任报告》(P49)

2. 环保培训

核心指标 E1.6 环保培训与宣教

指标解读: 本指标指企业对员工(或利益相关方)开展的关于环境保护方面的培训或宣传活动。

示例：

● 夯实安全环保基础

营造 HSE 文化氛围。持续开展安全环保培训，增强全员安全环保意识和执行力，是实现企业本质安全的关键。2013 年，我们实施 HSE 专职安全管理领导者培训，组织管理层集中学习 HSE 管理知识；全面开展"1·23"事故警示活动，在深刻吸取事故教训的基础上，为全员普及安全生产知识；启动"安全生产月"和《职业病防治法》宣传周活动，将"环保优先、安全第一、质量至上、以人为本"的理念在全员中宣贯，帮助员工实现从"要我安全"向"我要安全"的转变。

——《中国石油天然气集团公司 2013 社会责任报告》(P21)

核心指标　E1.7 环保培训绩效

指标解读：本指标包括环保培训人数、环保培训投入、环保培训时间等。

示例：

● 环保教育与培训

2014 年，公司积极开展环保法律法规、垃圾分类管理、防污设备设施使用、溢油应急器材的使用等各项环保培训活动，进一步增强了员工的环保意识。

序号	时间	地点	科目	培训对象	培训人数（人）
1	2014 年 9 月	湛江	环保管理基础知识、环境因素识别及评价、危化品管理、新环保法及环保内控制度宣贯等	基层单位 HSE 经理、环保管理人员、现场安全监督等	92
2	2014 年 11 月	塘沽	《溢油应急计划》宣贯会	基层单位 HSE 经理、应急主管、平台经理、高级队长、海事师等	30
3	2014 年 12 月	塘沽	环保管理基础知识、环境因素识别及评价、危化品管理、新环保法及环保内控制度宣贯等	基层单位 HSE 经理、环保管理人员、现场安全监督等	200

——《中海油服 2014 可持续发展报告》(P25)

3. 环境信息沟通

扩展指标　E1.8 环境信息公开

指标解读：本指标指企业将其环境信息通过媒体、互联网等方式，或者通过公布企业年度环境报告的形式向社会公开。

企业应当按照自愿公开与强制性公开相结合的原则，及时、准确地公开企业环境信息。环境信息公开标准参照 2007 年原国家环保总局颁发的《环境信息公开办法（试行）》（总局令第 35 号）的管理规定执行。

根据相关规定，企业可自愿公开下列企业环境信息：

（1）企业环境保护方针、年度环境保护目标及成效；

（2）企业年度资源消耗总量；

（3）企业环保投资和环境技术开发情况；

（4）企业排放污染物种类、数量、浓度和去向；

（5）企业环保设施的建设和运行情况；

（6）企业在生产过程中产生的废物的处理、处置情况，废弃产品的回收、综合利用情况；

（7）与环保部门签订的改善环境行为的自愿协议；

（8）企业自愿公开的其他环境信息。

扩展指标　E1.9 与社区沟通环境影响和风险的程序和频率

指标解读：对于环境敏感型企业，应积极与社区沟通其环境影响和环境风险。

示例：

● **搭建沟通平台，提升项目透明度**

我们也注重丰富沟通渠道和平台，便于社区获取与自身相关的信息，提升项目的透明度。2013 年，中国石油广西石化和四川石化相继采取多种形式，邀请社会公众考察石化项目，听取意见，接受监督。2013 年 5 月 8 日，中国石油四川石化公司邀请成都市人大代表、政协委员、民主党派、环保局、部分高校以及地方媒体等多个利益相关方代表，分批实地参观调研四川石化炼化一体化项目。四川石化炼化一体化项目的科技含量和安全环保风险管控受到了代表们的认可。

——《中国石油天然气集团公司 2013 社会责任报告》（P51）

4. 绿色办公

扩展指标 E1.10 绿色办公措施

指标解读：绿色办公政策或措施，包括但不限于：

（1）夏季空调温度不低于 26 度；

（2）办公区采用节能灯具照明，且做到人走灯灭；

（3）办公区生活用水回收再利用；

（4）推广无纸化办公，且打印纸双面使用；

（5）办公垃圾科学分类；

（6）推行视频会议减少员工出行等。

> **示例：**
>
> ● 倡导绿色办公
>
> 我们进行节能宣传教育活动，提高员工节约用能和合理用能意识，从用水、用电、用纸、车辆使用、废弃物回收再利用等方面推进绿色办公，努力打造良好的生产建设环境和人居生活环境。
>
> ——《中国化工集团公司 2013 可持续发展报告》（P40）

扩展指标 E1.11 绿色办公绩效

指标解读：包括办公用电量、用水量、用纸量以及垃圾处理量等方面的数据。

扩展指标 E1.12 减少公务旅行节约的能源

指标解读：本指标指企业通过视频会议、电话会议等形式减少公务旅行，进而减少能源消耗。

扩展指标 E1.13 绿色建筑和营业网点

指标解读：绿色建筑指在建筑的全生命周期内，最大限度地节约资源（节能、节地、节水、节材）、保护环境和减少污染，为人们提供健康、适用和高效的使用空间，与自然和谐共生。绿色建筑的相关评价标准参考《绿色建筑评价标准》（GB/T50378-2006）和《绿色建筑评价技术细则（试行）》（建科［2007］205号）等。

（二）绿色工厂（E2）

绿色工厂主要包括能源管理、降污减排、发展循环经济三个板块，每个板块又分为若干个指标。

1. 能源管理

扩展指标 E2.1 建立能源管理体系

指标解读：本指标所称能源是指能够直接取得或者通过加工、转换而取得有用能的各种资源，包括煤炭、原油、天然气、煤层气、水能、核能、风能、太阳能、地热能、生物质能等一次能源和电力、热力、成品油等二次能源，以及其他新能源和可再生能源。

能源管理是指对能源消费过程中涉及的计划、组织、控制和监督等一系列工作。企业应通过系统的能源管理，通过实施一套完整的标准、规范，在组织内建立起一个完整有效的、形成文件的能源管理体系。

关于能源管理体系的具体要求和内容可参考 GB/T23331-2009《能源管理体系要求》国家标准。

> **示例：**
>
> LG 化学正在全公司范围内构建系统化的能源管理体系和系统。2013 年，韩国丽水工厂 VCM 对照国际管理系统标准，即 ISO50001 中的要求，构建并完善了能源管理体系，获得了 DNV 的认证，这一管理体系将拓展到海内外的所有法人。根据"万家企业节能行动"的要求，中国国内的法人将在"十二五"规划期间完成 GB/T23331-2012 能源管理体系认证。中国地区的 LG 化学（渤海）及 LG 化学（大沽）正推进这一认证，预计将在 2014 年上半年完成；LG 化学（甬兴）和 LG 化学（南京）将在 2014 年年内完成这一认证。
>
> ——《LG 化学（中国）2013 社会责任报告》（P23）

核心指标 E2.2 节约能源政策措施

指标解读：本指标指企业通过加强用能管理，从能源生产到消费的各个环节，降低消耗、减少损失和污染物排放、制止浪费，有效、合理地利用能源的措施。

示例：

　　加强节能新技术推广应用。2013 年，公司加强节能技术示范工程建设，强化能评管理和节能标准体系建设，全年投入 15.71 亿元专项资金实施 65 项重点节能工程。大力推广应用成熟适用节能新产品、新技术。启动于 2008 年的炼化能量系统优化科技专项通过研发配套技术和建设 6 个示范推广工程，建成我们自有的能量系统优化技术体系和人才队伍，为公司提高能源利用水平提供了有力支撑。

　　推行合同能源管理。公司把推行合同能源管理作为加快节能技术进步和完善节能长效机制的重要途径。2013 年，中国石油集团西部钻探工程有限公司通过合同能源管理模式对 25 部钻机实施"电代油"，替代柴油 1.2 万吨，实现节能量 1.22 万吨标准煤。

　　开展节能宣传活动。2013 年，我们持续开展节能宣传周活动。通过学习《中华人民共和国节约能源法》等有关法律法规和政策，发放相关书籍、制作宣传板、开展节能知识培训和举办小型活动等，提高全员节能低碳意识。

　　　　　　　　——《中国石油天然气集团公司 2013 社会责任报告》（P24~P25）

核心指标　E2.3 全年能源消耗总量

指标解读： 本指标指报告期内企业生产和运营所直接消耗的各种能源折合标准煤数量。一般情况下，纳入统计核算的常规能源产品（实物量）分为五大类，即煤、气、油、电、其他燃料。其中：

　　（1）煤包括原煤、洗精煤、其他洗煤、煤制品（型煤、水煤浆、煤粉）、焦炭、其他焦化产品、焦炉煤气、高炉煤气、其他煤气。

　　（2）气包括天然气、液化天然气。

　　（3）油包括原油、汽油、煤油、柴油、燃料油、液化石油气、炼厂干气、其他石油制品。

　　（4）电包括火电、水电及核电等其他一次电力。

　　（5）其他燃料包括煤矸石、生物质能、工业废料、城市固体垃圾、热力。

示例:

能源消耗分类统计表

指　标	2014 年
电力（万千瓦时）	1546.00
柴油（吨）	254362.47
天然气（立方米）	263826.00
燃料油（吨）	4182.00
汽油（吨）	688.37
机油（吨）	1582.77

——《中海油服 2014 可持续发展报告》(P26)

核心指标 E2.4 企业的单位产值综合能耗

指标解读： 本指标指报告期内企业综合能耗与报告期内净产值之比，通常以万元产值综合能耗/万元增加值综合能耗为单位进行计量。

示例:

指　标	2012 年	2013 年	2014 年
万元产值综合能耗（吨标准煤）	0.307	0.292	0.284

——《中国海洋石油总公司 2014 可持续发展报告》(P9)

扩展指标 E2.5 企业使用新能源、可再生能源或清洁能源的政策、措施

指标解读： 新能源指在新技术基础上开发利用的非常规能源，包括风能、太阳能、海洋能、地热能、生物质能、氢能、核聚变能、天然气水合物等；可再生能源是指风能、太阳能、水能、生物质能、地热能、海洋能等连续、可再生的非化石能源；清洁能源是指环境污染物和二氧化碳等温室气体零排放或者低排放的一次能源，主要包括天然气、核电、水电及其他新能源和可再生能源等。

示例:

公司加大科技研发，推动生物质能源、地热能、风能、太阳能评价和开发利用，积极从源头控制温室气体排放。我们在新疆油田、辽河油田等地投资建设了光伏发电、风力发电、地热资源开发利用等示范项目，在华北油田

开展地热能综合利用先导试验，利用地热能发电、采暖和输油伴热获得显著效果。辽河油田自主开发的浅层回灌技术，实现地热资源的工业化应用，已完成水源热泵利用项目 10 余项。

——《中国石油天然气集团公司 2014 可持续发展报告》(P35)

扩展指标　E2.6 新能源、可再生能源或清洁能源使用量

指标解读：本指标指企业在报告期内对新能源、可再生能源或清洁能源使用数量。

2. 降污减排

核心指标　E2.7 防止石油泄漏的制度、措施及技术

指标解读：石油泄漏指在石油勘探、开发、炼制及储运过程中，由于意外事故或操作失误，造成原油或油品从作业现场或储器里外泄，溢油流向地面、水面、海滩或海面，同时由于油质成分的不同，形成薄厚不等的油膜。

本指标指企业在石油勘探、开发、炼制和运储过程中防止石油泄漏所采取的制度、措施及技术。

示例：

我们已经制定了广泛的预防措施确保溢油的风险降低到一定水平，低至合理可行。通过设备设施的设计、操作和维护，我们的工作实现"资产完整性"，以有效地发挥其所需功能和能力保护生命和环境。

2014 年，集团关注的重点是加强油井完整性管理，以保证安全性、可靠性和效率。例如，所有集团旗下井制定油井完整性管理系统，以确保在整个生命周期不同阶段减少不可控的风险或泄漏。2015 年，我们将推出一个数据项目，及时提供所有井的信息，促进加强管理的完整性，早期发现潜在的事件。

——《英国天然气集团 2014 可持续发展报告》(P21)

核心指标　E2.8 溢油应急管理

指标解读：溢油应急管理亦称溢油应急计划，是指企业根据可能产生的溢油源、海区环境及资源状况，制定的紧急对付溢油事故的措施。

示例：

我们制定措施以确保如果发生泄漏，它将被包含而不是对环境排放。在操作、生产、储存或转移石油时有溢油应急计划，评估石油污染的潜在风险，并概述了响应程序。

2014年，我们在肯尼亚和坦桑尼亚海上油井建立了泄漏响应功能，包括预置泄漏响应设备和培训；在巴西开展石油泄漏事件应急演练，如部署石油泄漏容器设备。我们积极参与行业行动，以提高溢油应急反应，如石油和天然气的国际协会生产商（IOGP）和IPIECA溢油应急反应联合产业项目、溢油事件响应工业项目、石油泄漏响应有限的倡议和水下井响应项目。

——《英国天然气集团2014可持续发展报告》（P21）

核心指标 **E2.9 石油泄漏次数**

指标解读：本指标指报告期内企业发生的石油泄漏次数。

示例：

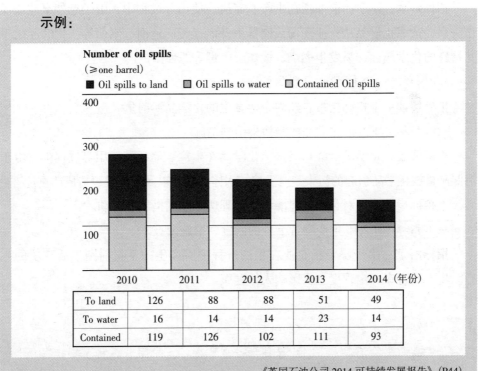

	2010	2011	2012	2013	2014
To land	126	88	88	51	49
To water	16	14	14	23	14
Contained	119	126	102	111	93

——《英国石油公司2014可持续发展报告》（P44）

核心指标　　E2.10 石油泄漏总量

指标解读： 本指标指报告期内企业发生的石油泄漏量。

示例：

指　标	2010 年	2011 年	2012 年	2013 年	2014 年
石油泄漏量（百万升）	1.7*	0.6	0.8	0.7	0.4

注：* 代表该数据不包含来自深海的石油泄漏量。

——《英国石油公司 2014 可持续发展报告》（P8）

核心指标　　E2.11 石油泄漏污染治理措施

指标解读： 石油污染指在石油开采、运输、装卸、加工和使用等过程中，由于泄漏和排放石油引起的污染，对土壤、水体、空气以及人类健康造成严重危害。

本指标指企业应对石油泄漏污染治理所采取的措施和行动。

核心指标　　E2.12 化学品泄漏发生次数

指标解读： 化学品泄漏指在生产、储运、使用等过程中，由于意外事故或操作失误，造成化学品从作业现场或储器里外泄，流向地面、水面等。化学品由于其特殊的化学属性，易发生燃烧、爆炸、中毒等恶性事故。

核心指标　　E2.13 化学品泄漏总量

指标解读： 本指标指报告期内企业发生的化学品泄漏量。

核心指标　　E2.14 化学品泄漏污染治理措施

指标解读： 化学品泄漏污染是指化学品在生产、储运、使用等过程中，由于泄漏和排放化学品引起的污染，对土壤、水体、空气以及人类健康造成严重危害。

本指标指企业应对化学品泄漏污染治理所采取的措施和行动。

核心指标　　E2.15 生产噪音治理的制度、措施及技术

指标解读： 生产噪音指企业在生产过程中所产生的干扰周围生活环境的声音。生产噪音在一定程度上会影响人体健康。

示例：

提高污染物治理水平，环保技术是重要支撑。中国石化利用特有的"十条龙"科技联合攻关模式，为"三废"治理提供了强有力支撑。环保领域科

技创新重点包括油气回收、脱硫脱硝、异味治理、挥发性有机物控制、地下污水防控、废渣处理、噪声治理等。已形成炼厂脱硫脱硝除尘、炼厂节水减排等重点环保成套技术。

——《中国石油化工集团公司 2013 社会责任报告》(P35)

核心指标　E2.16 异味治理的制度、措施及技术

指标解读： 异味主要指恶臭，如炼油厂、化工厂、污水处理厂等排放的废气、废水和废弃物中含有的气味，使人产生不愉快和难以忍受的感觉，损害人类生活环境。

示例：

中国石化多家化工企业开展环保治理。优化齐鲁、福建等检修停开车过程低排放方案，落实化工企业异味气体治理措施，在齐鲁、中原试点苯类气体回收项目。

——《中国石油化工集团公司 2013 社会责任报告》(P33)

扩展指标　E2.17 地下水污染防控技术

指标解读： 地下水污染主要指人类活动引起地下水化学成分、物理性质和生物学特性发生改变而使其质量下降的现象。地表以下地层复杂，地下水流动极其缓慢，因此，地下水污染具有过程缓慢、不易发现和难以治理的特点。

本指标是指石化企业在石油勘探、开发过程中避免对地下水产生影响，防止其受污染的措施及技术。

示例：

为了使钻井活动与地下水隔离，避免对地下水产生影响，我们采取了以下措施：

钻井平台建设前，我们对地下 100 米内暗河、溶洞分布情况进行水文勘探，优选井位，避免勘探开发过程污染地下水；结合地面条件，修建污水池、放喷池、油基钻屑暂存池、清污分流沟、截水沟等环保设施，并在进行防渗承压试验后交付使用。

选用优质套管进行水泥固井，固井水泥面均封至地面，做好固井质量检测，满足《非常规水平固井技术要求》（Q/SH0440-2011），使所钻井眼完全与环境水体、浅层岩体有效隔离。

——《中国石化页岩气开发环境、社会、治理报告》（P21）

核心指标　E2.18 减少废水排放的制度、措施或技术

指标解读：废水排放是指经过企业厂区所有排放口排到企业外部的工业废水量，包括生产废水、外排的直接冷却水、废气治理设施废水、超标排放的勘探、开发地下水和与工业废水混排的厂区生活污水，不包括独立外排的间接冷却水（清浊不分流的间接冷却水应计算在内）。

本指标指报告期内企业减少废水排放采取的措施、技术等。

示例：

中国石化将"节约用水"理念深入贯彻落实到生产运营各个环节，通过引用先进技术、新工艺、新设备提高水资源利用率，通过废水达标排放、废水循环利用等措施降低新鲜水使用量、污水排放量。2014 年，中国石化通过实施污水提标改造、污水回用等措施，增加水回用量，工业取水量同比下降 1.1%，外排废水量大幅减少。全年工业废水排放量同比减少 9.79%。

——《中国石化 2014 可持续发展进展报告》（P18）

核心指标　E2.19 废水排放量或减排量

指标解读：本指标指企业在报告期内的废水排放量或减排量方面的统计。

示例：

指　标	2011	2012	2013
排放总量（立方米）	3324691	3505509	3708207
单位排放量（立方米/吨产品）	2.04	2.05	1.95

——《LG 化学（中国）2013 社会责任报告》（P61）

核心指标 **E2.20 废水中石油类排放量或减排量**

指标解读： 本指标指废水中含有油类污染物质的排放量或减排量。其中，排放量可采用产排污系数根据生产的产品产量或原辅料用量计算求得，也可以通过工业废水排放量和其中污染物的浓度相乘求得，计算公式为：

废水中石油类排放量（纯质量）=工业废水排放量×排放口石油类的平均浓度

核心指标 **E2.21 化学需氧量排放量或减排量**

指标解读： 化学需氧量 COD（Chemical Oxygen Demand）是以化学方法测量水样中需要被氧化的还原性物质的量，它是一个重要的而且能较快测定的有机物污染参数。化学需氧量是废水中主要污染物质之一。

化学需氧量排放量或减排量指报告期内企业排放的工业废水中所含化学需氧量纯质量或减排量。其中，排放量可采用产排污系数根据生产的产品产量或原辅料用量计算求得，也可以通过工业废水排放量和其中污染物的浓度相乘求得，计算公式为：

化学需氧量排放量（纯质量）=工业废水排放量×排放口化学需氧量的平均浓度

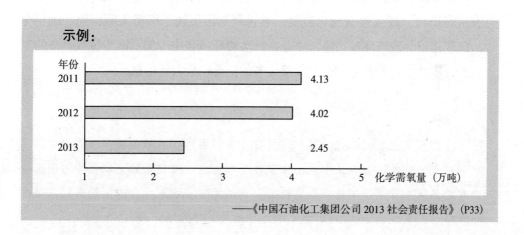

示例：

——《中国石油化工集团公司 2013 社会责任报告》（P33）

核心指标 **E2.22 氨氮排放量或减排量**

指标解读： 氨氮是水体中的营养素，可导致水富营养化现象产生，是水体中的主要耗氧污染物，对鱼类及某些水生生物有毒害。可能使水生物死亡，也可能会使饮水生物中毒死亡。氨氮是废水中主要污染物质之一。

氨氮排放量或减排量指报告期内企业排放的工业废水中所含氨氮纯质量或减

排量。其中，排放量可采用产排污系数根据生产的产品产量或原辅料用量计算求得，也可以通过工业废水排放量和其中污染物的浓度相乘求得，计算公式为：

氨氮排放量（纯质量）＝工业废水排放量×排放口氨氮的平均浓度

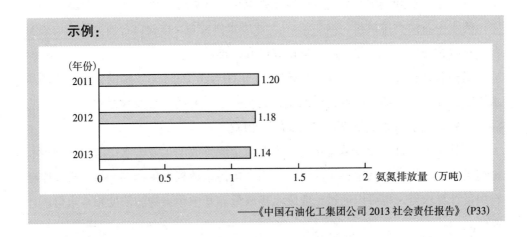

示例：

——《中国石油化工集团公司 2013 社会责任报告》(P33)

核心指标　E2.23 减少废气排放的制度、措施或技术

指标解读： 一般情况下，企业生产废气主要包括硫氧化物、氮氧化物、持久性有机污染物、挥发性有机化合物、有害空气污染物、可吸入颗粒物、烟粉尘等。废气排放会造成环境污染，企业在社会责任报告中应展示减少废气排放的制度、措施或技术，向利益相关者传递更多的企业社会责任信息。

示例：

　　中国石化在国内率先开发形成具有自主知识产权的催化裂化烟气除尘脱硫脱硝成套技术，为炼油企业催化裂化烟气粉尘、硫化物和氮氧化物治理提供有效的解决方案。该技术已完成工业化试验。在镇海炼化的应用表明，每年可减排二氧化硫 1479 吨、氮氧化物 206 吨、粉尘 867 吨。

——《中国石化 2014 可持续发展进展报告》(P35)

核心指标　E2.24 废气排放量或减排量

指标解读： 本指标的废气排放量指企业在报告期内排入空气中含有污染物的气体的总量。

示例：

指　标	2013 年
废气减排量（万立方米）	11253

——《中国石油化工集团公司 2013 社会责任报告》(P33)

核心指标　E2.25 烟（粉）尘排放量或减排量

指标解读： 烟尘指通过燃烧煤、石煤、柴油、木柴、天然气等产生的烟气中的尘粒。通过有组织排放的俗称烟道尘。工业粉尘指在生产工艺过程中排放的能在空气中悬浮一定时间的固体颗粒。

烟（粉）尘排放量指报告期内，企业在燃料燃烧和生产工艺过程中排入大气的烟尘及工业粉尘的总质量之和。烟尘或工业粉尘排放量可以通过除尘系统的排风量和除尘设备出口的烟尘浓度相乘求得。

示例：

通过运行好现有环保装置，实施烟气脱硫、污水提标及回用、铁路密闭装车系统、炼厂除异味等专项改造，推进环保隐患治理。炼油板块全年实现粉尘减排量达 1191 吨。

——《中国石油化工集团公司 2013 社会责任报告》(P33)

核心指标　E2.26 二氧化硫排放量或减排量

指标解读： 二氧化硫（SO_2），又称亚硫酸酐，是最常见的硫氧化物，硫酸原料气的主要成分。二氧化硫是无色气体，有强烈刺激性气味，是大气主要污染物之一。二氧化硫是废气中主要污染物质之一。

本指标指企业在报告期内在燃料燃烧和生产过程中排入大气的二氧化硫的总质量或减排量。

示例：

指　标	2012 年	2013 年	2014 年
二氧化硫气体排放量（吨）	12968	16060	12376

——《中国海洋石油总公司 2014 可持续发展报告》(P9)

核心指标 E2.27 氮氧化物排放量或减排量

指标解读： 氮氧化物指只由氮、氧两种元素组成的化合物。常见的氮氧化物有一氧化氮（NO，无色）、二氧化氮（NO_2，红棕色）、笑气（N_2O）、五氧化二氮（N_2O_5）等，其中除五氧化二氮常态下呈固体外，其他氮氧化物常态下都呈气态。氮氧化物（NOx）主要是 NO 和 NO_2，亦是常见的大气污染物。

本指标指企业在报告期内在燃料燃烧和生产工艺过程中排入大气的氮氧化物总质量或减排量。

示例：

指　标	2012 年	2013 年	2014 年
氮氧化物排放量（吨）	18337	19147	18015

——《中国海洋石油总公司 2014 可持续发展报告》（P9）

核心指标 E2.28 减少固体废弃物排放的制度、措施或技术

指标解读： 本指标主要指报告期内企业减少固体废弃物、废渣排放的制度或措施。本指标的固体废弃物指在生产和生活中产生的固体废弃物，分为一般固体废弃物和危险废弃物。危险废弃物指列入国家危险废物名录或者根据国家规定的危险废物鉴别标准和鉴别方法认定的，具有爆炸性、易燃性、易氧化性、毒性、腐蚀性、易传染性疾病等危险特性之一的废弃物。按《国家危险废物名录》（环境保护部、国家发展和改革委员会 2008 部令第 1 号）填报。

核心指标 E2.29 固体废弃物排放量或减排量

指标解读： 本指标主要指报告期内企业的固体废弃物排放量或减排量。

示例：

指　标	2013 年
废渣减排量（吨）	3832

——《中国石油化工集团公司 2013 社会责任报告》（P33）

核心指标 E2.30 危险废弃物管理

指标解读： 本指标指报告期内企业对危险废弃物进行处理的制度、措施及

技术。

示例：

对于危险废弃物，交予具备处理资质的单位实施回收处理。

——《中海油服 2014 可持续发展报告》(P28)

核心指标 E2.31 危险废弃物排放量或减排量

指标解读：本指标主要指报告期内企业的危险废弃物排放量或减排量。

示例：

废弃物产生量

项 目	2011	2012	2013
一般废弃物（吨）	13821	15416	18051
有害废弃物（吨）	6184	8856	9194
废弃物总量（吨）	20005	24272	27245
单位废弃物产生量（吨/吨产品）	0.012	0.014	0.014

——《LG 化学（中国）2013 社会责任报告》(P62)

核心指标 E2.32 危险化学品仓储、运输和废弃管理

指标解读：仓储、运输和废弃管理是化学危险品的全生命过程的重要环节。仓储管理一般包括储存场所的要求、储存危险化学品的标志、储存安排及储存量限制、化学品养护等；运输管理一般包括运输危险货物的相应设施设备的管理与维护等；废弃管理指对废弃化学品的处理。

示例：

为进一步加强对危险化学品的管理，宁波 LG 甬兴化工有限公司在 2012 年总投资约 240 万元，新建了一座单层的危险化学品仓库，仓库面积 450 平方米，用于集中储存生产中使用的液氨、过硫酸钾、对异丙基苯过氧化氢、叔丁基过氧化氢、亚硝酸钠、2，4-二硝基氯苯及其溶剂苯乙烯、二辛基磺化琥珀酸钠的溶剂乙醇等 8 种危险化学品。新仓库的建成，不仅在公司危险品的存储管理上保证了硬件需求，还在法律上符合对危险品和剧毒品的管理要求。

——《LG 化学（中国）2012 社会责任报告》(P38)

扩展指标　E2.33 公开披露使用和排放的有毒有害物质的数量和类型以及对人类和环境的风险

指标解读：本指标指企业公开披露使用和排放的有毒有害物质的数量和类型以及对人类和环境的风险。

3. 发展循环经济

核心指标　E2.34 节约水资源的制度、措施及技术

指标解读：根据工业和信息化部、水利部以及全国节约用水办公室《关于深入推进节水型企业建设工作的通知》（工信部联节〔2012〕431 号），节水型企业建设应完善企业节水管理，加强定额管理，完善用水计量，加强节水技术改造，推进工业废水回用，提高水资源重复利用率，提高职工节水意识。具体标准可参考该通知。

> **示例：**
>
> 　　中国海油坚持"开源与节流并重、以节约为主"的方针，以提高水资源的利用效率为核心，加强科技进步和技术创新，加大技术改造力度，强化监督管理，加强污水综合治理回用，全面强化水资源管理。
>
> 　　中国海油将水资源管理纳入公司节能减排管理制度体系，颁布实施了《节水管理细则》，保证了节水工作持续、规范、有效地开展。2014 年，公司明确了各所属单位节水工作任务及节水指标，推动节水工作层层分解落实；积极开展节水宣传工作，增强员工的水资源危机意识和节水理念；组织实施了一系列节水管理和节水技术措施实现节约用水；开展生产工艺优化，持续降低单位产品新水用量；通过开展中水回用、海水制淡等措施节约珍贵的新水资源。
>
> 　　　　　　　　　　　　——《中国海洋石油总公司 2014 可持续发展报告》（P45）

核心指标　E2.35 年度新鲜水用水量/单位工业增加值新鲜水耗

指标解读：工业用新鲜水量指报告期内企业厂区内用于生产和生活的新鲜水量（生活用水单独计量且生活污水不与工业废水混排的除外），它等于企业从城市自来水取用的水量和企业自备水用量之和。工业增加值指全部企业工业增加值，不限于规模以上企业工业增加值。单位工业增加值新鲜水耗＝工业用新鲜水

量/工业增加值。

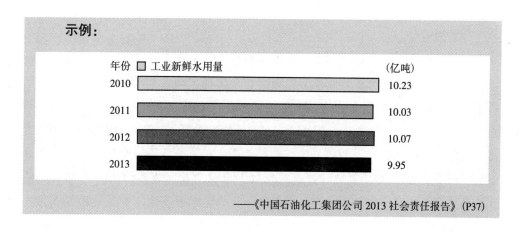

示例：

年份	□ 工业新鲜水用量	（亿吨）
2010		10.23
2011		10.03
2012		10.07
2013		9.95

——《中国石油化工集团公司 2013 社会责任报告》(P37)

扩展指标 E2.36 废水循环再利用的制度、措施及绩效

指标解读：本指标指企业采用物理的、化学的、生物的方法对废水进行处理，使水质达到工艺要求，以重新使用。此处废水包含但不限于含油污水、工业废水和生活污水。

示例：

中捷石化总体规划用水网络的优化配置，凡进入用水网络的水进行多次利用、清污分流、分散再生、污水回用。两年来，通过凝结水除油除铁回收利用、低温热水回收再利用、气分装置热媒水、中水回用、凝结水回收脱盐等一系列节水项目的实施，中捷石化吨油水耗由 2.23 吨下降至 0.88 吨，降幅达到 60%，实现年节水量 330 万吨。

——《中国海洋石油总公司 2013 可持续发展报告》(P43)

指标	2011	2012	2013
废水回收量（立方米）	1332919	1441138	1387493
废水回收率（%）	28.6	29.1	27.2

——《LG 化学（中国）2013 社会责任报告》(P61)

扩展指标 E2.37 废气循环再利用的制度、措施及绩效

指标解读：本指标指企业采用物理的、化学的、生物的方法对废气进行处

理，使废气达到工艺要求，以重新使用。

示例：

化工板块火炬气回收利用。通过实施火炬技术改造和管网技术改造，回收火炬气，将其送至裂解炉或热电锅炉作为燃料，或送至周边石化生产装置作原料，乙烯火炬于 2012 年实现正常工况下零排放。

——《中国石油化工集团公司 2012 社会责任报告》(P41)

氢气资源优化利用。通过制氢原料气体化和富氢气体回收利用，顶替制氢原料石脑油约 29.7 万吨，回收氢气约 13.7 万标准立方米/小时。回收焦化装置液化气组分。相继完成 10 套焦化吸收稳定配套改造，每年可回收液化气约 20 万吨。

——《中国石油化工集团公司 2012 社会责任报告》(P41)

扩展指标 E2.38 油田伴生气回收的制度、措施及绩效

指标解读： 油田气亦称油田伴生气，是在开采石油的同时所采出的天然气。本指标指在石油开采过程中，企业采取一定的制度措施及技术回收伴生气，减少伴生气燃烧量，促进资源的有效利用。

示例：

"秦皇岛 32-6 油田调整项目"从已有燃气设备实际运行情况出发，结合新建平台的电热负荷和可用伴生气量，经过伴生气利用方案比选，确定了新型的伴生气回收方案。通过新增天然气发电机、水套炉两类燃气电热站设备的选用，提高了油田伴生气利用率约 20%，增加燃用伴生气约 3500 万立方米，累计节约自耗原油约 2.8 万吨，减少了排放，实现了节能环保的设计目标，提高了油田效益。

——《中国海洋石油总公司 2014 可持续发展报告》(P49)

2013 年，油田伴生天然气利用率达 80.45%，回收利用的油田伴生气达 7.8 亿立方米，相当于 800 万个家庭一年的用气量。

——《中国海洋石油总公司 2013 可持续发展报告》(P42)

扩展指标　E2.39 污油回收再利用的制度、措施及绩效

指标解读：污油指设备污油、废油以及燃油输送管路和滑油输送管路的漏油。污油回收指通过相关的专业措施将污油进行处理，以重新再使用。

示例：

中国石化积极发展循环经济，推进资源高效利用和循环利用，推广副产物的综合利用，实现低消耗、低排放、高效率。

我们重点开展区域资源优化、氢气资源优化、炼厂干气和乙烯裂解副产碳四碳五资源综合利用，油田轻烃、液化气组分、火炬气以及污油回收利用等工作。

——《中国石油化工集团公司 2013 社会责任报告》（P35）

扩展指标　E2.40 固体废弃物循环再利用的制度、措施及绩效

指标解读：本指标指将废弃物直接作为产品或者经修复、翻新、再制造后继续作为产品使用，或者将废弃物的全部或者部分作为其他产品的部件予以使用，或将废弃物直接作为原料进行利用或者对废物进行再生利用。

示例：

中海油服经过近三年的艰难摸索，成功研发了一套固井用新型低密度水泥浆（PC-Litestone）体系，将煤电厂焚烧后的垃圾"Flyash"变废为宝，变害为利。

——《中海油服 2013 社会责任报告》（P33）

中国石化中原油田文留南部油气田土地复耕率 100%，废水、废液、废渣循环利用和无害化处理率 100%，被国土资源部确定为全国第三批国家级绿色矿山试点单位。

——《中国石油化工集团公司 2013 社会责任报告》（P41）

扩展指标　E2.41 化工产品回收再利用的制度、措施及绩效

指标解读：本指标主要指企业在报告期内回收废旧产品以及废旧产品再利用的制度、措施及技术。此处的化工产品包含但不限于合成树脂、合成纤维原料及

聚合物、合成橡胶、尿素等。

示例：

为解决日趋重要的可持续发展问题，LG 化学把社会价值、环境生态作为公司发展战略的重要组成部分，通过开发完全无卤环保材料产品，实施清洁生产，推动产品循环再利用，促进企业与社会、环境的和谐统一。

——《LG 化学（中国）2012 社会责任报告》(P42)

（三）绿色产品（E3）

绿色产品主要包括绿色采购、绿色产品研发、绿色包装与运输三个板块，每个板块又分为若干个指标。

1. 绿色采购

核心指标　E3.1 支持绿色采购的制度与措施

指标解读：绿色采购指企业一系列采购政策的制定、实施以及考虑到原料获取过程对环境的影响而建立的各种关系。其中，与原料获取过程相关的行为包括供应商的选择评价和开发、供应商的运作、内向物流、包装、回收、重用、资源的减量使用以及产品的处置等。

本指标指企业在推行绿色采购方面所采取的制度或措施。

示例：

LG 化学倡导绿色生产理念，所属企业在产品开发生产和项目建设实施过程中，积极选择环保原材料、应用节能技术，从本质上做到清洁生产和节能减排，多家企业通过了 ISO14000 环境管理体系认证。

——《LG 化学（中国）2012 社会责任报告》(P38)

扩展指标　E3.2 供应商通过 ISO14000 环境管理体系认证的比例

指标解读：本指标指企业的供应商中通过 ISO14000 环境管理体系认证的比例。

2. 绿色产品研发

核心指标　E3.3 油品质量升级

指标解读：随着汽车保有量快速增长，汽车尾气排放对大气污染的影响日益增加，推进油品质量升级是能源企业义不容辞的责任。2011年，国家发布了汽油国Ⅳ标准，即要求汽油硫含量小于50ppm，从2014年1月1日开始在全国实施。2013年，国家发布了柴油国Ⅳ标准，即要求柴油硫含量小于50ppm，2015年在全国范围执行。

> **示例：**
>
> 中国石化先后投入2000亿元，用10年时间走完欧美二三十年的路，完成从无铅汽油到国Ⅴ油品的质量持续升级，油品硫含量从2000年的1000ppm降至目前的10ppm，在全国范围内十年连跨了四大步，北京、上海、江苏、广东、山西、天津则迈到了国Ⅴ，与欧Ⅴ标准相当。
>
> 国Ⅳ车用柴油质量升级。2014年，中国石化继续推进油品质量升级工作，为社会提供更清洁、更环保的产品。按照国家车用柴油质量升级进度安排，中国石化通过落实质量升级项目建设、优化生产操作调整、统筹储运系统置换、保障产品出厂质量，将车用柴油的硫含量由350ppm降低至50ppm，完成了车用柴油质量升级，为改善大气环境做出了贡献。
>
> 国Ⅴ车用柴油、汽油生产供应。2014年，江苏、广东等部分省市（地区）陆续宣布实施国Ⅴ车用汽油标准。中国石化所属企业通过改造、完善催化汽油吸附脱硫、汽油加氢等装置，保质保量地满足了市场需求，提前实现对这些地区国Ⅴ车用汽油的供应。
>
> ——《中国石化2014可持续发展进展报告》(P15)

扩展指标　E3.4 绿色化工产品研发

指标解读：绿色化工产品指在其全生命周期中，即产品的生产、使用及处理过程中均符合环境保护要求，不危害人体健康，其垃圾无害或危害极小，有利于资源再生和回收利用。

> **示例：**
>
> LG化学为了实现现代产业的发展与更方便的生活，不断为全世界提供先进的材料与产品。公司把环境生态与社会价值作为发展战略的重要组成部分，通过开发环保产品，推动材料再生利用，促进企业与社会、环境的和谐

统一。公司不断开展在未来新事业方面的技术研究，生产能够节能环保的下一代先进材料及产品，持续提高环保产品的比重。在推行绿色环保产品的今天，LG 化学已走在前列，用自己的实际行动，为绿色环保事业迈出坚定的步调。

——《LG 化学（中国）2013 社会责任报告》(P28)

扩展指标　E3.5 绿色化工产品认证比例

指标解读：本指标主要指企业生产的产品通过绿色认证的比例。

3. 绿色包装与运输

核心指标　E3.6 推行绿色包装的措施及绩效

指标解读：本指标指企业在进行产品包装时采用绿色包装材料、减量化包装，或包装循环使用等方式，减小产品包装物对环境的影响。

示例：

在中国特色循环经济强力推行的大背景下，LG 化学显示器材料（北京）有限公司充分考虑显示器材料市场环境需求及现代化企业经营模式的变化，提出 Pol Box 循环利用的设想，并从实际出发不断为推进此项目的成功做出努力！Pol Box 实行至今，为公司带来的不仅仅是消耗品费用上的节省，更是在循环经济道路上迈出的一大步，在韩国 Pol Box 的开发获得了发明专利，而在中国大陆乃至台湾地区，显示器行业的同行也均采纳了此种循环方式进行出货包装，改变了以往一次性纸箱包装方式，公司 Pol Box 循环利用的推进影响甚是深远！

——《LG 化学（中国）2012 社会责任报告》(P39)

核心指标　E3.7 推行绿色运输的措施及绩效

指标解读：本指标主要指企业在运输过程中采用优化流程等方式减少能耗的措施以及能源节约量。

示例：

中国海油积极响应国家推进绿色循环低碳运输体系建设，在国内主要水系周边的城市储备了一批船舶绿化项目，严格按照国际海事组织（IMO）《防止船舶造成大气污染规则》的要求，推动内河水运业的转型升级，将在未来几年改造和新建 100 艘千吨级的散货船，并在长江水系、珠江水系、京杭运河建设一批形式多样的水上加气站。

——《中国海洋石油总公司 2014 可持续发展报告》（P22）

（四）应对气候变化（E4）

核心指标　E4.1 减少温室气体排放的计划及行动

指标解读：温室气体指任何会吸收和释放红外线辐射并存在于大气中的气体。《京都议定书》中规定控制的 6 种温室气体为二氧化碳（CO_2）、甲烷（CH_4）、氧化亚氮（N_2O）、氢氟碳化合物（HFCs）、全氟碳化合物（PFCs）、六氟化硫（SF6）。

示例：

气候变化是人类共同面临的全球性重大问题。作为负责任的能源化工企业，中国石化将应对气候变化作为自身不可推卸的责任和义务，正努力转变发展方式，加快结构调整，加强低碳能源开发利用，推进节能降耗，加快二氧化碳回收利用工业试验研究，努力减少温室气体排放，提升应对气候变化的能力。

2013 年，中国石化低碳发展全面推进，地热产业发展提速，能效倍增计划编制完成，碳交易试点顺利实施。

——《中国石油化工集团公司 2013 社会责任报告》（P36）

扩展指标　E4.2 二氧化碳捕集、利用和封存

指标解读：CCUS（Carbon Capture，Utilization and Storage，碳捕获、利用与封存）是应对全球气候变化的关键技术之一。CCUS 技术是 CCS（Carbon Capture and Storage，碳捕获与封存）技术新的发展趋势，即把生产过程中排放的二氧化碳进行提纯，继而投入到新的生产过程中，可以循环再利用，而不是简单地封存。CCS 是指将大型发电厂、化工厂等所产生的二氧化碳收集起来，并用各种方法储存以避免其排放到大气中的一种技术。

示例：

公司持续研究二氧化碳捕获、封存与利用技术（CCUS），并在二氧化碳捕集与分离、地质封存、规模化利用方面取得积极进展。在二氧化碳捕集与分离技术方面，公司开展了油气田生产过程中伴生的高浓度二氧化碳分离技术的前期研究，重点探索研制对能耗低、操作简单的撬装化膜分离装置系统和技术。在二氧化碳地质封存技术方面，公司对二氧化碳驱替油气提高采收率技术、二氧化碳强化驱煤层气技术开展了探索研究，对二氧化碳在枯竭油气田、咸水层地质封存等领域开展资源和技术调研，进行了可行性研究，评估了经济性，分析了潜在的风险。在二氧化碳利用方面，对"光解催化制氢与二氧化碳耦合制取液体燃料或化学品"新型化学利用技术进行了探索研究，并对二氧化碳在非常规油气开发中的应用、生物质与煤共气化等技术方面做进一步研究。

——《中国海洋石油总公司 2014 可持续发展报告》(P44)

扩展指标　E4.3 碳交易行动和绩效

指标解读：碳交易又称为碳排放权交易、温室气体排放权交易，指政府将碳排放达到一定规模的企业纳入碳排放配额管理，并在一定的规则下向其分配年度碳排放配额，排放单位可以通过市场购入或售出其相对实际排放不足或多余的配额以履行碳排放控制责任。起源于联合国为应对气候变化，减少以二氧化碳为代表的温室气体排放而设计的一种国际贸易机制。

示例：

碳交易是运用市场化机制实现碳减排目标的最重要手段，有利于将减排压力传导到企业，促进企业选择低成本减排路径。

2013 年 11 月 28 日，燕山石化以 50 元/吨交易价格购买 2 万吨碳配额，完成了北京环境交易所基于配额的首笔碳排放权交易。2013 年 11 月 26 日，高桥石化、上海石化共购买 6000 吨碳配额，完成上海环境交易所第一单基于配额的碳交易。

——《中国石油化工集团公司 2013 社会责任报告》(P38)

扩展指标　E4.4 温室气体排放量或减排量

指标解读：关于温室气体的核算，可参考 ISO14064 温室气体排放核算、验证标准，也可参考国家相关机构发布的核算指南。

示例：

2013 年，LG 化学（中国）对温室气体排放进行了量化管理，公司总部及法人分别完成二氧化碳排放量核查。

温室气体排放（CO_2）

项　　目	2011	2012	2013
直接排放量（吨）	178807	130380	129836
间接排放量（吨）	1266136	1331655	1316737
排放总量（吨）	1444943	1462036	1446573
单位排放量（吨/吨产品）	0.887	0.856	0.761

注：所有 2013 年之前的数据都因为库存的增加而有所调整，同时遵守《天津市碳排放交易管理办法》。

——《LG 化学（中国）2013 社会责任报告》（P61）

（五）绿色生态（E5）

核心指标　E5.1 保护生物多样性

指标解读：根据《生物多样性公约》，"生物多样性"是指所有来源的、活的生物体中的多样性，这些来源包括陆地、海洋和其他水生生态系统及其所构成的生态综合体；包括物种内、物种之间和生态系统的多样性。

一般而言，在涉及生物多样性保护的项目中，组织可采取以下两种方式保护生物多样性：

（1）就地保护：指为了保护生物多样性，把包括保护对象在内的一定面积的陆地或水体划分出来，进行保护和管理。就地保护的对象，主要包括有代表性的自然生态系统和珍稀濒危动植物的天然集中分布区等。就地保护是生物多样性保护中最为有效的一项措施。

（2）迁地保护：指为了保护生物多样性，把因生存条件不复存在、物种数量极少或难以找到配偶等原因而使其生存和繁衍受到严重威胁的物种迁出原地，移入动物园、植物园、水族馆和濒危动植物繁殖中心，进行特殊的保护和管理，是对就地保护的补充。迁地保护的最高目标是建立野生群落。

示例：

中国海油一直重视保护作业区周边的生态多样性。我们坚持项目全生命周期的生态保护，在项目预可研、可研阶段就开展环境风险预评价，提前识别项目周边环境敏感目标，及早规避环境风险，以实现经济项目与生态环境的和谐相处。公司以中国海油海洋环境与生态保护公益基金会为平台，积极致力于生态多样性的研究与保护项目，推动所在区域的资源修复与环境改善，努力为建设"美丽中国"创造更好的生态条件。

● *西沙增殖放流活动*

2014 年，中国海油继续在西沙海域实施增殖放流活动。公司出资 158 万余元，将 200 多只国家珍稀濒危海生动物绿海龟、100 多万粒方斑东风螺等南海特有的渔业资源放归大海，旨在保护海洋生物、养护渔业资源，对促进西沙渔业可持续发展和渔民增收具有重要意义。

——《中国海洋石油总公司 2014 可持续发展报告》（P53）

扩展指标　E5.2 在工程建设中保护自然栖息地、湿地、森林、野生动物廊道、农业用地

指标解读：本指标主要指企业在新建项目中采取措施保护自然栖息地、湿地、森林、野生动物廊道、农业用地。

示例：

● *生态保护*

中国石化在生产经营过程中，一贯重视生态保护，尽量避免对生态环境造成损害，尽量避开生态环境脆弱和敏感地区，尽量避开生态涵养区。

油气田企业通过采油污水回用、煤层气排采污水处理和回用、压裂液返排污水处理和回用、钻井泥浆不落地及综合利用、废弃油基泥浆及岩屑处理等技术，尽量避免破坏生态环境。

——《中国石油化工集团公司 2013 社会责任报告》（P40）

扩展指标　E5.3 生态恢复治理

指标解读： 生态恢复是指对生态系统停止人为干扰，以减轻负荷压力，依靠生态系统的自我调节能力与自我组织能力使其向有序的方向进行演化，或者利用生态系统的自我恢复能力，辅以人工措施，使其遭受破坏的生态系统逐步恢复或使生态系统向良性循环方向发展。生态恢复的目标是创造良好的条件，促进一个群落发展成为当地物种组成的完整生态系统，或为当地的各种动物提供相应的栖息环境。

本指标的生态恢复与治理主要是指油气田矿区及运输管线周边生态恢复与治理。

示例：

● 生态恢复

油气勘探开发、油气运输管线建设等生产经营活动不可避免会对现有生态环境造成一定程度的影响。中国石化十分注意对油气田废弃矿井周围、油气输送管线沿线的生态恢复和复垦复耕，尽量减少生产经营对环境的影响。

中国石化中原油田文留南部油气田土地复耕率 100%，废水、废液、废渣循环利用和无害化处理率 100%，被国土资源部确定为全国第三批国家级绿色矿山试点单位。

——《中国石油化工集团公司 2013 社会责任报告》（P41）

扩展指标　E5.4 生态恢复治理率

指标解读： 本指标主要指通过人为、自然等修复手段得到恢复治理的生态系统面积占经济建设过程中受到破坏的生态系统面积的比例。

生态恢复治理率＝恢复治理的生态系统面积/受到破坏的生态系统面积×100%

本指标主要指油气田矿区及运输管线周边生态恢复与治理的面积占总的因生产建设活动而造成破坏的土地面积的比例。

核心指标　E5.5 环保公益活动及绩效

指标解读： 环保公益活动是指企业出人、出物或出钱赞助和支持某项环保公益事业的活动，以及企业志愿者参与环保公益的次数、人数等。

示例：

壳牌"FuelSave"全球宣传活动旨在帮助一百万驾车人士以更高效的方式驾驶，节省燃油和降低成本。发起于 2012 年的"一百万人齐节油（Shell-Fuel Save Target One Million）"活动通过一系列互动式网络游戏，帮助驾车人士掌握新的驾驶技巧和汽车保养窍门。截至 2013 年底，已有来自 18 个国家的 40 万驾车人士参与了这项活动。

——《壳牌 2013 可持续发展报告》(P28)

六、报告后记（A 系列）

报告后记部分主要包括未来计划、报告评价、参考索引、读者反馈四个方面，如图 4-7 所示。

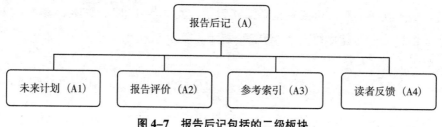

图 4-7　报告后记包括的二级板块

（一）未来计划

本部分主要描述企业对公司社会责任工作四个方面（责任管理、市场绩效、社会绩效和环境绩效）的展望与规划。

示例：

展望

2014 年，我们在推进油气增储上产的同时，将继续加大清洁能源投资力度，持续优化能源结构，为社会发展提供经济、稳定、可靠的能源动力。

2014 年，我们坚持从严管理，从严要求，切实提高安全意识，落实安全生产责任，建立健全最严格的制度约束体制，切实把安全隐患都找出来、排除掉，遏制重特大事故，坚决走安全发展、可持续发展之路。

2014 年，我们将继续秉持绿色低碳发展理念，大力实施绿色低碳发展战略，加快产业结构调整，积极实施"碧水蓝天"计划，加快制定实施能效倍增计划，加大绿色低碳技术研发力度，为生态文明建设做出积极贡献。

2014 年，在中国石化的发展蓝图中，我们将继续坚持"人才是第一资源"的理念，以保障权益为基点，以促进成长为中心，以凝聚力量为要义，描绘"以人为本"、"关爱员工"的人性管理之美。

2014 年，我们继续贯彻"质量永远领先一步"的方针，坚持"优质量足、客户满意"的服务目标，提供更加多样的产品和更加专业的服务，同时，持续推动产业繁荣和发展，开展全面共赢合作，引领产业链的可持续发展。

2014 年，中国石化将继续践行作为一个国际企业公民所应履行的社会责任，在自身发展的同时带动地方经济社会的繁荣，帮助贫困地区人民改善生活环境、探索致富之路，救助在特殊时期特殊环境下需要帮助的人们，通过多种形式更好地服务于人民，一如既往地奉献爱心、扶贫济困，共建美好家园。

——《中国石油化工集团公司 2013 社会责任报告》（P90）

（二）报告评价

报告评价指社会责任专家或行业专家、利益相关方或专业机构对报告的评价。报告评价主要有以下四种形式：

（1）专家点评。即由社会责任研究专家或行业专家对企业社会责任报告的科学性、可信性以及报告反映的企业社会责任工作信息进行点评。

（2）利益相关方评价。即由企业的利益相关方（股东、客户、供应商、员工、合作伙伴等）对企业社会责任报告的科学性、可信性以及报告反映的企业社会责任工作信息进行评价。

（3）报告评级。即由"中国企业社会责任报告评级专家委员会"从报告的过程性、实质性、完整性、平衡性、可比性、可读性和创新性等方面对报告做出评价，出具评级报告。

（4）报告审验。即由专业机构对企业社会责任报告进行审验。

（三）参考索引

本部分主要描述企业对本报告编写参考指南的应用情况，即对本报告编写参考指南要求披露的各条信息企业进行披露的情况。

模板：《CASS-CSR3.0 报告编写指南》指标索引

	指标编号	指标描述	披露位置	披露情况
报告前言	P1.1	报告质量保证程序	封面	完全采用
	P1.2	报告信息说明	P1	完全采用
	……	……	……	……
责任管理	G1.1	企业社会责任理念、愿景、价值观	P……	完全采用
	G1.2	企业签署的外部社会责任倡议	P……	完全采用
	……	……	……	……
市场绩效	M1.1	股东参与企业治理的政策和机制	P……	部分采用
	M1.2	保护中小投资者利益	P……	完全采用
	……	……	……	……
社会绩效	S1.1	企业守法合规体系	P……	完全采用
	S1.2	守法合规培训	P……	部分采用
	……	……	……	……
环境绩效	E1.1	建立环境管理组织体系和制度体系	P……	部分采用
	E1.2	环保预警及应急机制	P……	完全采用
	……	……	……	……

（四）读者反馈

本部分主要内容为读者意见调查表，以及读者意见反馈的渠道。

模板：

为了持续改进××公司社会责任工作及社会责任报告编写工作，我们特别希望倾听您的意见和建议。请您协助完成意见反馈表中提出的相关问题，并传真到+86-××-××××××××。您也可以选择通过网络（http: //

www.×××.com) 回答问题。

1. 报告整体评价（请在相应位置打"√"）。

选项	很好	较好	一般	较差	很差
1. 本报告全面、准确地反映了××公司的社会责任工作现状？					
2. 本报告对利益相关方所关心的问题进行回应和披露？					
3. 本报告披露的信息数据清晰、准确、完整？					
4. 本报告的可读性，即报告的逻辑主线、内容设计、语言文字和版式设计？					

2. 您认为本报告最让您满意的方面是什么？

3. 您认为还有哪些您需要了解的信息在本报告中没有被反映？

4. 您对我们今后的社会责任工作及社会责任报告发布有何建议？

如果方便，请告诉我们关于您的信息：

姓　　名：

职　　业：

机　　构：

联系地址：

邮　　编：

E-mail：

电　　话：

传　　真：

我们的联系方式是：

××公司××部门

中国××省（市）××区××路××号

邮政编码：××××××

电话：+86-××-××××××××

传真：+86-××-××××××××

E-mail：××@××.com

第五章 指标速查①

一、行业特征指标表（30个）

指标名称	定性指标（●） 定量指标（⊕）	核心指标（★） 扩展指标（☆）
市场绩效（M系列）（6个）		
能源供应战略体系	●	★
常规能源开发利用（石油、天然气等）的措施及绩效	●/⊕	★
非常规能源开发利用（页岩气、煤层气等）的措施及绩效	●/⊕	★
油气储运网络建设及绩效	●/⊕	★
推进国际能源合作	●	☆
产品质量与安全管理（产品包含能源、石油产品和石化产品）	●	★
社会绩效（S系列）（5个）		
供应链安全管理体系	●/⊕	☆
确保运输安全管理体系（包含产品运输安全、油气运输安全等）	●	★
设备安全管理体系	●	★
确保公共安全的制度与措施	●	★
与非自愿迁移相关的措施及成效	●/⊕	★
环境绩效（E系列）（19个）		
防止石油泄漏的制度、措施及技术	●	★

---

① 本指南指标适用于石油化工业产业链不同领域的企业，各企业可根据自身业务特点选择性披露指标。另外，我们重点列出石油与天然气勘探开采与加工业、化工业的通用指标表。

续表

指标名称	定性指标（●）	核心指标（★）
	定量指标（⊕）	扩展指标（☆）
溢油应急管理	●	★
石油泄漏次数	⊕	★
石油泄漏总量	⊕	★
石油泄漏污染治理措施	●	★
化学品泄漏发生次数	⊕	★
化学品泄漏总量	⊕	★
化学品泄漏污染治理措施	●	★
生产噪音治理的制度、措施及技术	●	★
异味治理的制度、措施及技术	●	★
地下水污染防控技术	●	☆
危险化学品仓储、运输和废弃管理	●	★
公开披露使用和排放的有毒有害物质的数量和类型以及对人类和环境的风险	●	☆
油田伴生气回收的制度、措施及绩效	●/⊕	☆
污油回收再利用的制度、措施及绩效	●/⊕	☆
化工产品回收再利用的制度、措施及绩效	●/⊕	☆
油品质量升级	●	★
绿色化工产品研发	●	☆
绿色化工产品认证比例	⊕	☆

二、核心指标表（133 个）

指标名称	定性指标（●）
	定量指标（⊕）
第一部分：报告前言（P系列）	
（P1）报告规范	
P1.1 报告信息说明	●
P1.2 报告边界	●
P1.3 报告体系	●
P1.4 联系方式	●
（P2）报告流程	
P2.1 报告实质性议题选择程序	●

指标名称	定性指标（●） 定量指标（⊕）
（P3）高管致辞	
P3.1 企业履行社会责任的机遇和挑战	●
P3.2 企业年度社会责任工作成绩与不足的概括总结	●
（P4）企业简介	
P4.1 企业名称、所有权性质及总部所在地	●
P4.2 企业主要品牌、产品及服务	●
P4.3 企业运营地域及运营架构，包括主要部门、运营企业、附属及合营机构	●
P4.4 按产业、顾客类型和地域划分的服务市场	●/⊕
P4.5 按雇佣合同（正式员工和非正式员工）和性别分别报告从业员工总数	⊕
（P5）年度进展	
P5.1 年度社会责任重大工作	●/⊕
P5.2 年度责任绩效	⊕
P5.3 年度责任荣誉	●
第二部分：责任管理（G系列）	
（G1）责任战略	
G1.1 社会责任理念、愿景、价值观	●
G1.2 辨识企业的核心社会责任议题	●
（G2）责任治理	
G2.1 建立社会责任组织体系	●
G2.2 社会责任组织体系的职责与分工	●
（G3）责任绩效	
G3.1 企业在经济、社会或环境领域发生的重大事故，受到的影响和处罚以及企业的应对措施	●/⊕
（G4）责任沟通	
G4.1 企业利益相关方名单	●
G4.2 利益相关方的关注点和企业的回应措施	●
G4.3 企业内部社会责任沟通机制	●
G4.4 企业外部社会责任沟通机制	●
G4.5 企业高层领导参与的社会责任沟通与交流活动	●/⊕
（G5）责任能力	
G5.1 通过培训等手段培育负责任的企业文化	●/⊕
第三部分：市场绩效（M系列）	
（M1）股东责任	
1. 股东权益保障	
M1.1 股东参与企业治理的政策和机制	●
M1.2 保护中小投资者利益	●
M1.3 规范信息披露	●/⊕

指标名称	定性指标（●） 定量指标（⊕）
2. 经营绩效	
M1.4 成长性	⊕
M1.5 收益性	⊕
M1.6 安全性	⊕
（M2）客户责任	
1. 产品责任	
M2.1 能源供应战略体系	●
M2.2 常规能源开发利用（石油、天然气等）的措施及绩效	●/⊕
M2.3 非常规能源开发利用（页岩气、煤层气等）的措施及绩效	●/⊕
M2.4 油气储运网络建设及绩效	●/⊕
M2.5 产品质量与安全管理（产品包含能源、石油产品和石化产品）	●
M2.6 产品合格率	⊕
2. 客户服务	
M2.7 客户关系管理体系	●
M2.8 保护客户信息与隐私	●
M2.9 止损和赔偿	●/⊕
M2.10 客户满意度调查及客户满意度	●/⊕
M2.11 积极应对客户投诉及客户投诉解决率	●/⊕
3. 科技创新	
M2.12 支持产品和服务创新的制度	●
（M3）伙伴责任	
1. 价值链责任	
M3.1 战略共享机制及平台	●
2. 供应商/承包商责任管理	
M3.2 供应商/承包商通过质量、环境和职业健康安全管理体系认证的比率	⊕
3. 诚信经营	
M3.3 诚信经营的理念与制度保障	●
M3.4 公平竞争的理念及制度保障	●
M3.5 经济合同履约率	⊕
第四部分：社会绩效（S 系列）	
（S1）政府责任	
1. 守法合规	
S1.1 企业守法合规体系	●
S1.2 守法合规培训	●/⊕
S1.3 禁止商业贿赂和商业腐败	●
2. 政策响应	
S1.4 纳税总额	⊕

续表

指标名称	定性指标（●） 定量指标（⊕）
S1.5 响应国家政策	●
S1.6 确保就业及（或）带动就业的政策或措施	●
S1.7 报告期内吸纳就业人数	⊕
（S2）员工责任	
1. 基本权益保护	
S2.1 劳动合同签订率	⊕
S2.2 民主管理	●
2. 薪酬福利	
S2.3 按运营地划分员工最低工资和当地最低工资的比例	⊕
S2.4 社会保险覆盖率	⊕
S2.5 按雇佣性质（正式、非正式）划分的福利体系	●
3. 平等雇佣	
S2.6 女性管理者比例	⊕
4. 职业发展	
S2.7 员工职业发展通道	●
S2.8 员工培训体系	●
S2.9 员工培训绩效	⊕
5. 职业健康	
S2.10 职业病防治制度	●
S2.11 职业安全健康培训及绩效	●/⊕
S2.12 职业病年发病率	⊕
S2.13 体检及健康档案覆盖率	⊕
6. 员工关爱	
S2.14 困难员工帮扶措施及投入	⊕
（S3）安全生产	
1. 安全生产管理	
S3.1 安全生产管理体系	●
S3.2 安全应急管理机制	●
2. 安全教育和培训	
S3.3 安全教育与培训	●/⊕
S3.4 安全培训绩效	⊕
3. 安全生产绩效	
S3.5 安全生产投入	⊕
S3.6 安全生产事故数	⊕
S3.7 百万工时死亡率	⊕

续表

指标名称	定性指标（●） 定量指标（⊕）
4. 运输、设备和公共安全管理	
S3.8 确保运输安全管理体系（包含产品运输安全、油气运输安全等）	●
S3.9 设备安全管理体系	●
S3.10 确保公共安全的制度与措施	●
（S4）社区责任	
1. 社区发展	
S4.1 评估企业进入或退出社区时对社区环境和社会的影响	●
S4.2 与非自愿迁移相关的措施及成效	●/⊕
S4.3 社区代表参与项目建设或开发的机制	●
2. 本地化运营	
S4.4 员工本地化政策	●
3. 社会公益	
S4.5 企业公益方针或主要公益领域	●
S4.6 捐赠总额	⊕
S4.7 企业支持志愿者活动的政策、措施	●
S4.8 员工志愿者活动绩效	⊕
第五部分：环境绩效（E.系列）	
（E1）绿色经营	
1. 环境管理	
E1.1 建立环境管理组织体系和制度体系	●
E1.2 企业环境影响评价	●
E1.3 环保总投资	⊕
2. 环保培训	
E1.4 环保培训与宣教	●/⊕
E1.5 环保培训绩效	⊕
（E2）绿色工厂	
1. 能源管理	
E2.1 节约能源政策措施	●
E2.2 全年能源消耗总量	⊕
E2.3 企业单位产值综合能耗	⊕
2. 降污减排	
E2.4 防止石油泄漏的制度、措施及技术	●
E2.5 溢油应急管理	●
E2.6 石油泄漏次数	⊕
E2.7 石油泄漏总量	⊕
E2.8 石油泄漏污染治理措施	●

续表

指标名称	定性指标（●） 定量指标（⊕）
E2.9 化学品泄漏发生次数	⊕
E2.10 化学品泄漏总量	⊕
E2.11 化学品泄漏污染治理措施	●
E2.12 生产噪音治理的制度、措施及技术	●
E2.13 异味治理的制度、措施及技术	●
E2.14 减少废水排放的制度、措施或技术	●
E2.15 废水排放量或减排量	⊕
E2.16 废水中石油类排放量或减排量	⊕
E2.17 化学需氧量排放量或减排量	⊕
E2.18 氨氮排放量或减排量	⊕
E2.19 减少废气排放的制度、措施或技术	●
E2.20 废气排放量或减排量	⊕
E2.21 烟（粉）尘排放量或减排量	⊕
E2.22 二氧化硫排放量或减排量	⊕
E2.23 氮氧化物排放量或减排量	⊕
E2.24 减少固体废弃物排放的制度、措施或技术	●
E2.25 固体废弃物排放量或减排量	⊕
E2.26 危险废弃物管理	●
E2.27 危险废弃物排放量或减排量	⊕
E2.28 危险化学品仓储、运输和废弃管理	●
3. 发展循环经济	
E2.29 节约水资源的制度、措施及绩效	●/⊕
E2.30 年度新鲜水用水量/单位工业增加值新鲜水耗	⊕
(E3) 绿色产品	
1. 绿色采购	
E3.1 支持绿色采购的制度与措施	●
2. 绿色产品研发	
E3.2 油品质量升级	●
3. 绿色包装与运输	
E3.3 推行绿色包装的措施及绩效	●/⊕
E3.4 推行绿色运输的措施及绩效	●/⊕
(E4) 应对气候变化	
E4.1 减少温室气体排放的计划及行动	●
(E5) 绿色生态	
E5.1 保护生物多样性	●
E5.2 环保公益活动及绩效	●/⊕

续表

指标名称	定性指标（●） 定量指标（⊕）
第六部分：报告后记（A 系列）	
（A1）未来计划：公司对社会责任工作的规划	●/⊕
（A2）报告评价：社会责任专家或行业专家、利益相关方或专业机构对报告的评价	●
（A4）读者反馈：读者意见调查表及读者意见反馈渠道	●

三、通用指标表（223 个）

指标名称	定性指标（●） 定量指标（⊕）	核心指标（★） 扩展指标（☆）
第一部分：报告前言（P 系列）		
（P1）报告规范		
P1.1 报告质量保证程序	●	☆
P1.2 报告信息说明	●	★
P1.3 报告边界	●	★
P1.4 报告体系	●	★
P1.5 联系方式	●	★
（P2）报告流程		
P2.1 报告编写流程	●	☆
P2.2 报告实质性议题选择程序	●	★
P2.3 利益相关方参与报告过程的程序和方式	●	☆
（P3）高管致辞		
P3.1 企业履行社会责任的机遇和挑战	●	★
P3.2 企业年度社会责任工作成绩与不足的概括总结	●	★
（P4）企业简介		
P4.1 企业名称、所有权性质及总部所在地	●	★
P4.2 企业主要品牌、产品及服务	●	★
P4.3 企业运营地域及运营架构，包括主要部门、运营企业、附属及合营机构	●	★
P4.4 按产业、顾客类型和地域划分的服务市场	●/⊕	★
P4.5 按雇佣合同（正式员工和非正式员工）和性别分别报告从业员工总数	⊕	★
P4.6 列举企业在协会、国家或国际组织中的会员资格或其他身份	●	☆
P4.7 报告期内关于组织规模、结构、所有权或供应链的重大变化	●	☆
（P5）年度进展		

续表

指标名称	定性指标（●） 定量指标（⊕）	核心指标（★） 扩展指标（☆）
P5.1 年度社会责任重大工作	●/⊕	★
P5.2 年度责任绩效	⊕	★
P5.3 年度责任荣誉	●	★
第二部分：责任管理（G 系列）		
（G1）责任战略		
G1.1 社会责任理念、愿景、价值观	●	★
G1.2 企业签署的外部社会责任倡议	●	☆
G1.3 辨识企业的核心社会责任议题	●	★
G1.4 企业社会责任规划	●/⊕	☆
（G2）责任治理		
G2.1 社会责任领导机构	●	☆
G2.2 利益相关方与企业最高治理机构之间沟通的渠道或程序	●	☆
G2.3 建立社会责任组织体系	●	★
G2.4 社会责任组织体系的职责与分工	●	★
G2.5 社会责任管理制度	●	☆
（G3）责任融合		
G3.1 推进下属企业履行社会责任	●/⊕	☆
G3.2 推动供应链合作伙伴履行社会责任	●/⊕	☆
（G4）责任绩效		
G4.1 构建企业社会责任指标体系	●	☆
G4.2 依据企业社会责任指标进行绩效评估	●/⊕	☆
G4.3 企业社会责任优秀评选	●	☆
G4.4 企业在经济、社会或环境领域发生的重大事故，受到的影响和处罚以及企业的应对措施	●/⊕	★
（G5）责任沟通		
G5.1 企业利益相关方名单	●	★
G5.2 识别及选择利益相关方的程序	●	☆
G5.3 利益相关方的关注点和企业的回应措施	●	★
G5.4 企业内部社会责任沟通机制	●	★
G5.5 企业外部社会责任沟通机制	●	★
G5.6 企业高层领导参与的社会责任沟通与交流活动	●/⊕	★
（G6）责任能力		
G6.1 开展 CSR 课题研究	●	☆
G6.2 参与社会责任研究和交流	●	☆
G6.3 参加国内外社会责任标准的制定	●	☆
G6.4 通过培训等手段培育负责任的企业文化	●/⊕	★
第三部分：市场绩效（M 系列）		

指标名称	定性指标（●） 定量指标（⊕）	核心指标（★） 扩展指标（☆）
（M1）股东责任		
1. 股东权益保障		
M1.1 股东参与企业治理的政策和机制	●	★
M1.2 保护中小投资者利益	●	★
M1.3 规范信息披露	●/⊕	★
2. 经营绩效		
M1.4 成长性	⊕	★
M1.5 收益性	⊕	★
M1.6 安全性	⊕	★
（M2）客户责任		
1. 产品责任		
M2.1 能源供应战略体系	●	★
M2.2 常规能源开发利用（石油、天然气等）的措施及绩效	●/⊕	★
M2.3 非常规能源开发利用（页岩气、煤层气等）的措施及绩效	●/⊕	★
M2.4 油气储运网络建设及绩效	●/⊕	★
M2.5 推进国际能源合作	●	☆
M2.6 产品质量与安全管理（产品包含能源、石油产品和石化产品）	●	★
M2.7 确保产品信息真实和完整的制度与措施	●	☆
M2.8 产品合格率	⊕	★
2. 客户服务		
M2.9 客户关系管理体系	●	★
M2.10 产品知识普及或客户培训	●/⊕	☆
M2.11 保护客户信息与隐私	●	★
M2.12 止损和赔偿	●/⊕	★
M2.13 提供多样化的客户服务渠道	●	☆
M2.14 客户满意度调查及客户满意度	●/⊕	★
M2.15 积极应对客户投诉及客户投诉解决率	●/⊕	★
3. 科技创新		
M2.16 支持产品和服务创新的制度	●	★
M2.17 科技研发总投入及占收入比	⊕	☆
M2.18 科技工作人员数量及比例	⊕	☆
M2.19 新增专利数	⊕	☆
M2.20 新产品销售额	⊕	☆
M2.21 重大创新奖项	⊕	☆
（M3）伙伴责任		
1. 价值链责任		
M3.1 识别并描述企业的价值链及责任影响	●	☆

续表

指标名称	定性指标（●） 定量指标（⊕）	核心指标（★） 扩展指标（☆）
M3.2 战略共享机制及平台	●	★
M3.3 推动产业发展的制度与措施	●	☆
2. 责任采购		
M3.4 责任采购的制度及（或）方针	●	☆
M3.5 责任采购比率	⊕	☆
3. 供应商/承包商责任管理		
M3.6 供应商/承包商社会责任评估和调查的程序和频率	●/⊕	☆
M3.7 供应商/承包商通过质量、环境和职业健康安全管理体系认证的比率	⊕	★
M3.8 供应商/承包商受到经济、社会或环境方面处罚的个数/次数	⊕	☆
M3.9 协助供应商/承包商在经济、社会或环境方面进行绩效改进的措施及成效	●/⊕	☆
4. 诚信经营		
M3.10 诚信经营的理念与制度保障	●	★
M3.11 公平竞争的理念及制度保障	●	★
M3.12 经济合同履约率	⊕	★
第四部分：社会绩效（S 系列）		
(S1) 政府责任		
1. 守法合规		
S1.1 企业守法合规体系	●	★
S1.2 守法合规培训	●/⊕	★
S1.3 禁止商业贿赂和商业腐败	●	★
S1.4 企业守法合规审核绩效	⊕	☆
2. 政策响应		
S1.5 纳税总额	⊕	★
S1.6 响应国家政策	●	★
S1.7 确保就业及（或）带动就业的政策或措施	●	★
S1.8 报告期内吸纳就业人数	⊕	★
(S2) 员工责任		
1. 基本权益保护		
S2.1 劳动合同签订率	⊕	★
S2.2 集体谈判与集体合同覆盖率	●/⊕	☆
S2.3 民主管理	●	★
S2.4 参加工会的员工比例	⊕	☆
S2.5 通过员工申诉机制申请、处理和解决的员工申诉数量	●/⊕	☆
S2.6 雇员隐私管理	●	☆
S2.7 兼职工、临时工和劳务派遣工权益保护	●	☆
S2.8 员工满意度	⊕	☆

续表

指标名称	定性指标（●） 定量指标（⊕）	核心指标（★） 扩展指标（☆）
S2.9 员工流失率	⊕	☆
2. 薪酬福利		
S2.10 按运营地划分员工最低工资和当地最低工资的比例	⊕	★
S2.11 社会保险覆盖率	⊕	★
S2.12 超时工作报酬	⊕	☆
S2.13 每年人均带薪年休假天数	⊕	☆
S2.14 按雇佣性质（正式、非正式）划分的福利体系	●	★
3. 平等雇佣		
S2.15 女性管理者比例	⊕	★
S2.16 少数民族或其他种族员工比例	⊕	☆
S2.17 残疾人雇佣率或雇佣人数	⊕	☆
4. 职业发展		
S2.18 员工职业发展通道	●	★
S2.19 员工培训体系	●	★
S2.20 员工培训绩效	⊕	★
5. 职业健康		
S2.21 职业健康与安全委员会中员工的比例	⊕	☆
S2.22 职业病防治制度	●	★
S2.23 职业安全健康培训及绩效	●/⊕	★
S2.24 职业病年发病率	⊕	★
S2.25 工伤预防制度和措施	●	☆
S2.26 员工心理健康制度/措施	●	☆
S2.27 体检及健康档案覆盖率	⊕	★
S2.28 向兼职工、劳务工和临时工及分包商职工提供同等的健康和安全保护	●	☆
6. 员工关爱		
S2.29 困难员工帮扶措施及投入	⊕	★
S2.30 为特殊人群（如孕妇、哺乳妇女等）提供特殊保护	●	☆
S2.31 尊重员工家庭责任和业余生活，确保工作生活平衡	●	☆
（S3）安全生产		
1. 安全生产管理		
S3.1 安全生产管理体系	●	★
S3.2 安全应急管理机制	●	★
2. 安全教育与培训		
S3.3 安全教育与培训	●/⊕	★
S3.4 安全培训绩效	⊕	★
3. 安全生产绩效		

续表

指标名称	定性指标（●） 定量指标（⊕）	核心指标（★） 扩展指标（☆）
S3.5 安全生产投入	⊕	★
S3.6 安全生产事故数	⊕	★
S3.7 百万工时死亡率	⊕	★
4. 供应链安全管理		
S3.8 供应链安全管理体系	●/⊕	☆
5. 运输、设备和公共安全管理		
S3.9 确保运输安全管理体系（包含产品运输安全、油气运输安全等）	●	★
S3.10 设备安全管理体系	●	★
S3.11 确保公共安全的制度与措施	●	★
(S4) 社区责任		
1. 社区发展		
S4.1 评估企业进入或退出社区时对社区环境和社会的影响	●	★
S4.2 新建项目执行环境和社会影响评估的比率	⊕	☆
S4.3 与非自愿迁移相关的措施及成效	●/⊕	★
S4.4 社区代表参与项目建设或开发的机制	●	★
S4.5 企业开发或支持运营所在社区中具有社会效益的项目	●	☆
2. 本地化运营		
S4.6 员工本地化政策	●	★
S4.7 本地化雇佣比例	⊕	☆
S4.8 按主要运营地划分，在高层管理者中本地人员的比率	⊕	☆
S4.9 本地化采购政策	●	☆
3. 社会公益		
S4.10 企业公益方针或主要公益领域	●	★
S4.11 企业公益基金/基金会	●	☆
S4.12 海外公益	●/⊕	☆
S4.13 捐赠总额	⊕	★
S4.14 企业支持志愿者活动的政策、措施	●	★
S4.15 员工志愿者活动绩效	⊕	★
第五部分：环境绩效（E系列）		
(E1) 绿色经营		
1. 环境管理		
E1.1 建立环境管理组织体系和制度体系	●	★
E1.2 环保预警及应急机制	●	☆
E1.3 参与或加入的环保组织或倡议	●	☆
E1.4 企业环境影响评价	●	★
E1.5 环保总投资	⊕	★
2. 环保培训		

· 151 ·

续表

指标名称	定性指标（●）	核心指标（★）
	定量指标（⊕）	扩展指标（☆）
E1.6 环保培训与宣教	●/⊕	★
E1.7 环保培训绩效	⊕	★
3. 环境信息沟通		
E1.8 环境信息公开	●	☆
E1.9 与社区沟通环境影响和风险的程序和频率	●/⊕	☆
4. 绿色办公		
E1.10 绿色办公措施	●	☆
E1.11 绿色办公绩效	⊕	☆
E1.12 减少公务旅行节约的能源	●/⊕	☆
E1.13 绿色建筑和营业网点	●/⊕	☆
（E2）绿色工厂		
1. 能源管理		
E2.1 建立能源管理体系	●	☆
E2.2 节约能源政策措施	●	★
E2.3 全年能源消耗总量	⊕	★
E2.4 企业的单位产值综合能耗	⊕	★
E2.5 企业使用新能源、可再生能源或清洁能源的政策、措施	●	☆
E2.6 新能源、可再生能源或清洁能源使用量	●	☆
2. 降污减排		
E2.7 防止石油泄漏的制度、措施及技术	●	★
E2.8 溢油应急管理	●	★
E2.9 石油泄漏次数	⊕	★
E2.10 石油泄漏总量	⊕	★
E2.11 石油泄漏污染治理措施	●	★
E2.12 化学品泄漏发生次数	⊕	★
E2.13 化学品泄漏总量	⊕	★
E2.14 化学品泄漏污染治理措施	●	★
E2.15 生产噪音治理的制度、措施及技术	●	★
E2.16 异味治理的制度、措施及技术	●	★
E2.17 地下水污染防控技术	●	☆
E2.18 减少废水排放的制度、措施或技术	●	★
E2.19 废水排放量或减排量	⊕	★
E2.20 废水中石油类排放量或减排量	⊕	★
E2.21 化学需氧量排放量或减排量	⊕	★
E2.22 氨氮排放量或减排量	⊕	★
E2.23 减少废气排放的制度、措施或技术	●	★
E2.24 废气排放量或减排量	⊕	★

续表

指标名称	定性指标（●） 定量指标（⊕）	核心指标（★） 扩展指标（☆）
E2.25 烟（粉）尘排放量或减排量	⊕	★
E2.26 二氧化硫排放量或减排量	⊕	★
E2.27 氮氧化物排放量或减排量	⊕	★
E2.28 减少固体废弃物排放的制度、措施或技术	●	★
E2.29 固体废弃物排放量或减排量	⊕	★
E2.30 危险废弃物管理	●	★
E2.31 危险废弃物排放量或减排量	⊕	★
E2.32 危险化学品仓储、运输和废弃管理	●	★
E2.33 公开披露使用和排放的有毒有害物质的数量和类型以及对人类和环境的风险	●	☆
3. 发展循环经济		
E2.34 节约水资源的制度、措施及技术	●/⊕	★
E2.35 年度新鲜水用水量/单位工业增加值新鲜水耗	⊕	★
E2.36 废水循环再利用的制度、措施及绩效	●/⊕	☆
E2.37 废气循环再利用的制度、措施及绩效	●/⊕	☆
E2.38 油田伴生气回收的制度、措施及绩效	●/⊕	☆
E2.39 污油回收再利用的制度、措施及绩效	●/⊕	☆
E2.40 固体废弃物循环再利用的制度、措施及绩效	●/⊕	☆
E2.41 化工产品回收再利用的制度、措施及绩效	●/⊕	☆
(E3) 绿色产品		
1. 绿色采购		
E3.1 支持绿色采购的制度与措施	●	★
E3.2 供应商通过 ISO14000 环境管理体系认证的比例	⊕	☆
2. 绿色产品研发		
E3.3 油品质量升级	●	★
E3.4 绿色化工产品研发	●	☆
E3.5 绿色化工产品认证比例	⊕	☆
3. 绿色包装与运输		
E3.6 推行绿色包装的措施及绩效	●/⊕	★
E3.7 推行绿色运输的措施及绩效	●/⊕	★
(E4) 应对气候变化		
E4.1 减少温室气体排放的计划及行动	●	★
E4.2 二氧化碳捕集、利用和封存	●	☆
E4.3 碳交易行动和绩效	●/⊕	☆
E4.4 温室气体排放量或减排量	⊕	☆
(E5) 绿色生态		
E5.1 保护生物多样性	●	★

续表

指标名称	定性指标（●）	核心指标（★）
	定量指标（⊕）	扩展指标（☆）
E5.2 在工程建设中保护自然栖息地、湿地、森林、野生动物廊道、农业用地	●	☆
E5.3 生态恢复治理	●	☆
E5.4 生态恢复治理率	⊕	☆
E5.5 环保公益活动及绩效	●/⊕	★
第六部分：报告后记（A 系列）		
（A1）未来计划：公司对社会责任工作的规划	●/⊕	★
（A2）报告评价：社会责任专家或行业专家、利益相关方或专业机构对报告的评价	●	★
（A3）参考索引：对本指南要求披露指标的采用情况	●	☆
（A4）读者反馈：读者意见调查表及读者意见反馈渠道	●	★

四、石油与天然气勘探开采与加工业通用指标表（219 个）

石油与天然气勘探开采与加工业是指天然原油和天然气勘探开采、石油炼制以及与其相关的服务活动。天然原油和天然气勘探开采是指在陆地或海洋对天然原油液态或气态天然气、煤层气等的勘探开采。石油炼制是指以石油为原材料生产各种燃料油（汽油、煤油、柴油等）和润滑油以及液化石油气、石油焦炭、石蜡、沥青等。

指标名称	定性指标（●）	核心指标（★）
	定量指标（⊕）	扩展指标（☆）
第一部分：报告前言（P 系列）		
（P1）报告规范		
P1.1 报告质量保证程序	●	☆
P1.2 报告信息说明	●	★
P1.3 报告边界	●	★
P1.4 报告体系	●	★
P1.5 联系方式	●	★
（P2）报告流程		

续表

指标名称	定性指标（●） 定量指标（⊕）	核心指标（★） 扩展指标（☆）
P2.1 报告编写流程	●	☆
P2.2 报告实质性议题选择程序	●	★
P2.3 利益相关方参与报告过程的程序和方式	●	☆
（P3）高管致辞		
P3.1 企业履行社会责任的机遇和挑战	●	★
P3.2 企业年度社会责任工作成绩与不足的概括总结	●	★
（P4）企业简介		
P4.1 企业名称、所有权性质及总部所在地	●	★
P4.2 企业主要品牌、产品及服务	●	★
P4.3 企业运营地域及运营架构，包括主要部门、运营企业、附属及合营机构	●	★
P4.4 按产业、顾客类型和地域划分的服务市场	●/⊕	★
P4.5 按雇佣合同（正式员工和非正式员工）和性别分别报告从业员工总数	⊕	★
P4.6 列举企业在协会、国家或国际组织中的会员资格或其他身份	●	☆
P4.7 报告期内关于组织规模、结构、所有权或供应链的重大变化	●	☆
（P5）年度进展		
P5.1 年度社会责任重大工作	●/⊕	★
P5.2 年度责任绩效	⊕	★
P5.3 年度责任荣誉	●	★
第二部分：责任管理（G系列）		
（G1）责任战略		
G1.1 社会责任理念、愿景、价值观	●	★
G1.2 企业签署的外部社会责任倡议	●	☆
G1.3 辨识企业的核心社会责任议题	●	★
G1.4 企业社会责任规划	●/⊕	☆
（G2）责任治理		
G2.1 社会责任领导机构	●	☆
G2.2 利益相关方与企业最高治理机构之间沟通的渠道或程序	●	☆
G2.3 建立社会责任组织体系	●	★
G2.4 社会责任组织体系的职责与分工	●	★
G2.5 社会责任管理制度	●	☆
（G3）责任融合		
G3.1 推进下属企业履行社会责任	●/⊕	☆
G3.2 推动供应链合作伙伴履行社会责任	●/⊕	☆
（G4）责任绩效		
G4.1 构建企业社会责任指标体系	●	☆
G4.2 依据企业社会责任指标进行绩效评估	●/⊕	☆

续表

指标名称	定性指标（●） 定量指标（⊕）	核心指标（★） 扩展指标（☆）
G4.3 企业社会责任优秀评选	●	☆
G4.4 企业在经济、社会或环境领域发生的重大事故，受到的影响和处罚以及企业的应对措施	●/⊕	★
（G5）责任沟通		
G5.1 企业利益相关方名单	●	★
G5.2 识别及选择利益相关方的程序	●	☆
G5.3 利益相关方的关注点和企业的回应措施	●	★
G5.4 企业内部社会责任沟通机制	●	★
G5.5 企业外部社会责任沟通机制	●	★
G5.6 企业高层领导参与的社会责任沟通与交流活动	●/⊕	★
（G6）责任能力		
G6.1 开展 CSR 课题研究	●	☆
G6.2 参与社会责任研究和交流	●	☆
G6.3 参加国内外社会责任标准的制定	●	☆
G6.4 通过培训等手段培育负责任的企业文化	●/⊕	★
第三部分：市场绩效（M 系列）		
（M1）股东责任		
1. 股东权益保障		
M1.1 股东参与企业治理的政策和机制	●	★
M1.2 保护中小投资者利益	●	★
M1.3 规范信息披露	●/⊕	★
2. 经营绩效		
M1.4 成长性	⊕	★
M1.5 收益性	⊕	★
M1.6 安全性	⊕	★
（M2）客户责任		
1. 产品责任		
M2.1 能源供应战略体系	●	★
M2.2 常规能源开发利用（石油、天然气等）的措施及绩效	●/⊕	★
M2.3 非常规能源开发利用（页岩气、煤层气等）的措施及绩效	●/⊕	★
M2.4 油气储运网络建设及绩效	●/⊕	★
M2.5 推进国际能源合作	●	☆
M2.6 产品质量与安全管理	●	★
M2.7 确保产品信息真实和完整的制度与措施	●	☆
M2.8 产品合格率	⊕	★
2. 客户服务		
M2.9 客户关系管理体系	●	★

续表

指标名称	定性指标（●）	核心指标（★）
	定量指标（⊕）	扩展指标（☆）
M2.10 产品知识普及或客户培训	●/⊕	☆
M2.11 保护客户信息与隐私	●	★
M2.12 止损和赔偿	●/⊕	★
M2.13 提供多样化的客户服务渠道	●	☆
M2.14 客户满意度调查及客户满意度	●/⊕	★
M2.15 积极应对客户投诉及客户投诉解决率	●/⊕	★
3. 科技创新		
M2.16 支持产品和服务创新的制度	●	★
M2.17 科技研发总投入及占收入比	⊕	☆
M2.18 科技工作人员数量及比例	⊕	☆
M2.19 新增专利数	⊕	☆
M2.20 新产品销售额	⊕	☆
M2.21 重大创新奖项	⊕	☆
(M3) 伙伴责任		
1. 价值链责任		
M3.1 识别并描述企业的价值链及责任影响	●	☆
M3.2 战略共享机制及平台	●	★
M3.3 推动产业发展的制度与措施	●	☆
2. 责任采购		
M3.4 责任采购的制度及（或）方针	●	☆
M3.5 责任采购比率	⊕	☆
3. 供应商/承包商责任管理		
M3.6 供应商/承包商社会责任评估和调查的程序和频率	●/⊕	☆
M3.7 供应商/承包商通过质量、环境和职业健康安全管理体系认证的比率	⊕	★
M3.8 供应商/承包商受到经济、社会或环境方面处罚的个数/次数	⊕	☆
M3.9 协助供应商/承包商在经济、社会或环境方面进行绩效改进的措施及成效	●/⊕	☆
4. 诚信经营		
M3.10 诚信经营的理念与制度保障	●	★
M3.11 公平竞争的理念及制度保障	●	★
M3.12 经济合同履约率	⊕	★
第四部分：社会绩效（S 系列）		
(S1) 政府责任		
1. 守法合规		
S1.1 企业守法合规体系	●	★
S1.2 守法合规培训	●/⊕	★
S1.3 禁止商业贿赂和商业腐败	●	★

续表

指标名称	定性指标（●） 定量指标（⊕）	核心指标（★） 扩展指标（☆）
S1.4 企业守法合规审核绩效	⊕	☆
2. 政策响应		
S1.5 纳税总额	⊕	★
S1.6 响应国家政策	●	★
S1.7 确保就业及（或）带动就业的政策或措施	●	★
S1.8 报告期内吸纳就业人数	⊕	★
（S2）员工责任		
1. 基本权益保护		
S2.1 劳动合同签订率	⊕	★
S2.2 集体谈判与集体合同覆盖率	●/⊕	☆
S2.3 民主管理	●	★
S2.4 参加工会的员工比例	⊕	☆
S2.5 通过员工申诉机制申请、处理和解决的员工申诉数量	●/⊕	☆
S2.6 雇员隐私管理	●	☆
S2.7 兼职工、临时工和劳务派遣工权益保护	●	☆
S2.8 员工满意度	⊕	☆
S2.9 员工流失率	⊕	☆
2. 薪酬福利		
S2.10 按运营地划分员工最低工资和当地最低工资的比例	⊕	★
S2.11 社会保险覆盖率	⊕	★
S2.12 超时工作报酬	⊕	☆
S2.13 每年人均带薪年休假天数	⊕	☆
S2.14 按雇佣性质（正式、非正式）划分的福利体系	●	★
3. 平等雇佣		
S2.15 女性管理者比例	⊕	★
S2.16 少数民族或其他种族员工比例	⊕	☆
S2.17 残疾人雇佣率或雇佣人数	⊕	☆
4. 职业发展		
S2.18 员工职业发展通道	●	★
S2.19 员工培训体系	●	★
S2.20 员工培训绩效	⊕	★
5. 职业健康		
S2.21 职业健康与安全委员会中员工的比例	⊕	☆
S2.22 职业病防治制度	●	★
S2.23 职业安全健康培训及绩效	●/⊕	★
S2.24 职业病年发病率	⊕	★
S2.25 工伤预防制度和措施	●	☆

续表

指标名称	定性指标（●） 定量指标（⊕）	核心指标（★） 扩展指标（☆）
S2.26 员工心理健康制度/措施	●	☆
S2.27 体检及健康档案覆盖率	⊕	★
S2.28 向兼职工、劳务工和临时工及分包商职工提供同等的健康和安全保护	●	☆
6. 员工关爱		
S2.29 困难员工帮扶措施及投入	⊕	★
S2.30 为特殊人群（如孕妇、哺乳妇女等）提供特殊保护	●	☆
S2.31 尊重员工家庭责任和业余生活，确保工作生活平衡	●	☆
(S3) 安全生产		
1. 安全生产管理		
S3.1 安全生产管理体系	●	★
S3.2 安全应急管理机制	●	★
2. 安全教育与培训		
S3.3 安全教育与培训	●/⊕	★
S3.4 安全培训绩效	⊕	★
3. 安全生产绩效		
S3.5 安全生产投入	⊕	★
S3.6 安全生产事故数	⊕	★
S3.7 百万工时死亡率	⊕	★
4. 供应链安全管理		
S3.8 供应链安全管理体系	●/⊕	☆
5. 运输、设备和公共安全管理		
S3.9 确保运输安全管理体系（指油气运输安全等）	●	★
S3.10 设备安全管理体系	●	★
S3.11 确保公共安全的制度与措施	●	★
(S4) 社区责任		
1. 社区发展		
S4.1 评估企业进入或退出社区时对社区环境和社会的影响	●	★
S4.2 新建项目执行环境和社会影响评估的比率	⊕	☆
S4.3 与非自愿迁移相关的措施及成效	●/⊕	★
S4.4 社区代表参与项目建设或开发的机制	●	★
S4.5 企业开发或支持运营所在社区中具有社会效益的项目	●	☆
2. 本地化运营		
S4.6 员工本地化政策	●	★
S4.7 本地化雇佣比例	⊕	☆
S4.8 按主要运营地划分，在高层管理者中本地人员的比率	⊕	☆
S4.9 本地化采购政策	●	☆

指标名称	定性指标（●） 定量指标（⊕）	核心指标（★） 扩展指标（☆）
3. 社会公益		
S4.10 企业公益方针或主要公益领域	●	★
S4.11 企业公益基金/基金会	●	☆
S4.12 海外公益	●/⊕	☆
S4.13 捐赠总额	⊕	★
S4.14 企业支持志愿者活动的政策、措施	●	★
S4.15 员工志愿者活动绩效	⊕	★
第五部分：环境绩效（E 系列）		
（E1）绿色经营		
1. 环境管理		
E1.1 建立环境管理组织体系和制度体系	●	★
E1.2 环保预警及应急机制	●	☆
E1.3 参与或加入的环保组织或倡议	●	☆
E1.4 企业环境影响评价	●	★
E1.5 环保总投资	⊕	★
2. 环保培训		
E1.6 环保培训与宣教	●/⊕	★
E1.7 环保培训绩效	⊕	★
3. 环境信息沟通		
E1.8 环境信息公开	●	☆
E1.9 与社区沟通环境影响和风险的程序和频率	●/⊕	☆
4. 绿色办公		
E1.10 绿色办公措施	●	☆
E1.11 绿色办公绩效	⊕	☆
E1.12 减少公务旅行节约的能源	●/⊕	☆
E1.13 绿色建筑和营业网点	●/⊕	☆
（E2）绿色工厂		
1. 能源管理		
E2.1 建立能源管理体系	●	☆
E2.2 节约能源政策措施	●	★
E2.3 全年能源消耗总量	⊕	★
E2.4 企业的单位产值综合能耗	⊕	★
E2.5 企业使用新能源、可再生能源或清洁能源的政策、措施	●	☆
E2.6 新能源、可再生能源或清洁能源使用量	●	☆
2. 降污减排		
E2.7 防止石油泄漏的制度、措施及技术	●	★
E2.8 溢油应急管理	●	★

续表

指标名称	定性指标（●） 定量指标（⊕）	核心指标（★） 扩展指标（☆）
E2.9 石油泄漏次数	⊕	★
E2.10 石油泄漏总量	⊕	★
E2.11 石油泄漏污染治理措施	●	★
E2.12 化学品泄漏发生次数	⊕	★
E2.13 化学品泄漏总量	⊕	★
E2.14 化学品泄漏污染治理措施	●	★
E2.15 生产噪音治理的制度、措施及技术	●	★
E2.16 异味治理的制度、措施及技术	●	★
E2.17 地下水污染防控技术	●	☆
E2.18 减少废水排放的制度、措施或技术	●	★
E2.19 废水排放量或减排量	⊕	★
E2.20 废水中石油类排放量或减排量	⊕	★
E2.21 化学需氧量排放量或减排量	⊕	★
E2.22 氨氮排放量或减排量	⊕	★
E2.23 减少废气排放的制度、措施或技术	●	★
E2.24 废气排放量或减排量	⊕	★
E2.25 烟（粉）尘排放量或减排量	⊕	★
E2.26 二氧化硫排放量或减排量	⊕	★
E2.27 氮氧化物排放量或减排量	⊕	★
E2.28 减少固体废弃物排放的制度、措施或技术	●	★
E2.29 固体废弃物排放量或减排量	⊕	★
E2.30 危险废弃物管理	●	★
E2.31 危险废弃物排放量或减排量	⊕	★
E2.32 危险化学品仓储、运输和废弃管理	●	★
E2.33 公开披露使用和排放的有毒有害物质的数量和类型以及对人类和环境的风险	●	☆
3. 发展循环经济		
E2.34 节约水资源的制度、措施及技术	●/⊕	★
E2.35 年度新鲜水用水量/单位工业增加值新鲜水耗	⊕	★
E2.36 废水循环再利用的制度、措施及绩效	●/⊕	☆
E2.37 废气循环再利用的制度、措施及绩效	●/⊕	☆
E2.38 油田伴生气回收的制度、措施及绩效	●/⊕	☆
E2.39 污油回收再利用的制度、措施及绩效	●/⊕	☆
E2.40 固体废弃物循环再利用的制度、措施及绩效	●/⊕	☆
（E3）绿色产品		
1. 绿色采购		
E3.1 支持绿色采购的制度与措施	●	★

续表

指标名称	定性指标（●） 定量指标（⊕）	核心指标（★） 扩展指标（☆）
E3.2 供应商通过 ISO14000 环境管理体系认证的比例	⊕	☆
2. 绿色产品研发		
E3.3 油品质量升级	●	★
3. 绿色运输		
E3.4 推行绿色运输的措施及绩效	●/⊕	★
（E4）应对气候变化		
E4.1 减少温室气体减排的计划及行动	●	★
E4.2 二氧化碳捕集、利用和封存	●	☆
E4.3 碳交易行动和绩效	●/⊕	☆
E4.4 温室气体排放量或减排量	⊕	☆
（E5）绿色生态		
E5.1 保护生物多样性	●	★
E5.2 在工程建设中保护自然栖息地、湿地、森林、野生动物廊道、农业用地	●	☆
E5.3 生态恢复治理	●	☆
E5.4 生态恢复治理率	⊕	☆
E5.5 环保公益活动及绩效	●/⊕	★
第六部分：报告后记（A 系列）		
（A1）未来计划：公司对社会责任工作的规划	●/⊕	★
（A2）报告评价：社会责任专家或行业专家、利益相关方或专业机构对报告的评价	●	★
（A3）参考索引：对本指南要求披露指标的采用情况	●	☆
（A4）读者反馈：读者意见调查表及读者意见反馈渠道	●	★

五、化工业通用指标表（208 个）

　　此处我们将化工业界定为对乙烯、丙烯、苯等（由原料油和气裂解生成）基本化工原料进一步加工，生产多种有机化工原料及合成材料（塑料、合成树脂、合成橡胶等），以及以合成材料为原料进一步加工生产塑料制品、纤维、涂料和橡胶制品等。

指标名称	定性指标（●）	核心指标（★）
	定量指标（⊕）	扩展指标（☆）
第一部分：报告前言（P系列）		
（P1）报告规范		
P1.1 报告质量保证程序	●	☆
P1.2 报告信息说明	●	★
P1.3 报告边界	●	★
P1.4 报告体系	●	★
P1.5 联系方式	●	★
（P2）报告流程		
P2.1 报告编写流程	●	☆
P2.2 报告实质性议题选择程序	●	★
P2.3 利益相关方参与报告过程的程序和方式	●	☆
（P3）高管致辞		
P3.1 企业履行社会责任的机遇和挑战	●	★
P3.2 企业年度社会责任工作成绩与不足的概括总结	●	★
（P4）企业简介		
P4.1 企业名称、所有权性质及总部所在地	●	★
P4.2 企业主要品牌、产品及服务	●	★
P4.3 企业运营地域及运营架构、包括主要部门、运营企业、附属及合营机构	●	★
P4.4 按产业、顾客类型和地域划分的服务市场	●/⊕	★
P4.5 按雇佣合同（正式员工和非正式员工）和性别分别报告从业员工总数	⊕	★
P4.6 列举企业在协会、国家或国际组织中的会员资格或其他身份	●	☆
P4.7 报告期内关于组织规模、结构、所有权或供应链的重大变化	●	☆
（P5）年度进展		
P5.1 年度社会责任重大工作	●/⊕	★
P5.2 年度责任绩效	⊕	★
P5.3 年度责任荣誉	●	★
第二部分：责任管理（G系列）		
（G1）责任战略		
G1.1 社会责任理念、愿景、价值观	●	★
G1.2 企业签署的外部社会责任倡议	●	☆
G1.3 辨识企业的核心社会责任议题	●	★
G1.4 企业社会责任规划	●/⊕	☆
（G2）责任治理		
G2.1 社会责任领导机构	●	☆
G2.2 利益相关方与企业最高治理机构之间沟通的渠道或程序	●	☆
G2.3 建立社会责任组织体系	●	★

指标名称	定性指标（●） 定量指标（⊕）	核心指标（★） 扩展指标（☆）
G2.4 社会责任组织体系的职责与分工	●	★
G2.5 社会责任管理制度	●	☆
（G3）责任融合		
G3.1 推进下属企业履行社会责任	●/⊕	☆
G3.2 推动供应链合作伙伴履行社会责任	●/⊕	☆
（G4）责任绩效		
G4.1 构建企业社会责任指标体系	●	☆
G4.2 依据企业社会责任指标进行绩效评估	●/⊕	☆
G4.3 企业社会责任优秀评选	●	☆
G4.4 企业在经济、社会或环境领域发生的重大事故，受到的影响和处罚以及企业的应对措施	●/⊕	★
（G5）责任沟通		
G5.1 企业利益相关方名单	●	★
G5.2 识别及选择利益相关方的程序	●	☆
G5.3 利益相关方的关注点和企业的回应措施	●	★
G5.4 企业内部社会责任沟通机制	●	★
G5.5 企业外部社会责任沟通机制	●	★
G5.6 企业高层领导参与的社会责任沟通与交流活动	●/⊕	★
（G6）责任能力		
G6.1 开展 CSR 课题研究	●	☆
G6.2 参与社会责任研究和交流	●	☆
G6.3 参加国内外社会责任标准的制定	●	☆
G6.4 通过培训等手段培育负责任的企业文化	●/⊕	★
第三部分：市场绩效（M 系列）		
（M1）股东责任		
1. 股东权益保障		
M1.1 股东参与企业治理的政策和机制	●	★
M1.2 保护中小投资者利益	●	★
M1.3 规范信息披露	●/⊕	★
2. 经营绩效		
M1.4 成长性	⊕	★
M1.5 收益性	⊕	★
M1.6 安全性	⊕	★
（M2）客户责任		
1. 产品责任		
M2.1 产品质量与安全管理	●	★
M2.2 确保产品信息真实和完整的制度与措施	●	☆

续表

指标名称	定性指标（●）	核心指标（★）
	定量指标（⊕）	扩展指标（☆）
M2.3 产品合格率	⊕	★
2. 客户服务		
M2.4 客户关系管理体系	●	★
M2.5 产品知识普及或客户培训	●/⊕	☆
M2.6 保护客户信息与隐私	●	★
M2.7 止损和赔偿	●/⊕	★
M2.8 提供多样化的客户服务渠道	●	☆
M2.9 客户满意度调查及客户满意度	●/⊕	★
M2.10 积极应对客户投诉及客户投诉解决率	●/⊕	★
3. 科技创新		
M2.11 支持产品和服务创新的制度	●	★
M2.12 科技研发总投入及占收入比	⊕	☆
M2.13 科技工作人员数量及比例	⊕	☆
M2.14 新增专利数	⊕	☆
M2.15 新产品销售额	⊕	☆
M2.16 重大创新奖项	⊕	☆
(M3)　伙伴责任		
1. 价值链责任		
M3.1 识别并描述企业的价值链及责任影响	●	☆
M3.2 战略共享机制及平台	●	★
M3.3 推动产业发展的制度与措施	●	☆
2. 责任采购		
M3.4 责任采购的制度及（或）方针	●	☆
M3.5 责任采购比率	⊕	☆
3. 供应商/承包商责任管理		
M3.6 供应商/承包商社会责任评估和调查的程序和频率	●/⊕	☆
M3.7 供应商/承包商通过质量、环境和职业健康安全管理体系认证的比率	⊕	★
M3.8 供应商/承包商受到经济、社会或环境方面处罚的个数/次数	⊕	☆
M3.9 协助供应商/承包商在经济、社会或环境方面进行绩效改进的措施及成效	●/⊕	☆
4. 诚信经营		
M3.10 诚信经营的理念与制度保障	●	★
M3.11 公平竞争的理念及制度保障	●	★
M3.12 经济合同履约率	⊕	★
第四部分：社会绩效（S 系列）		
(S1)　政府责任		
1. 守法合规		

续表

指标名称	定性指标（●） 定量指标（⊕）	核心指标（★） 扩展指标（☆）
S1.1 企业守法合规体系	●	★
S1.2 守法合规培训	●/⊕	★
S1.3 禁止商业贿赂和商业腐败	●	★
S1.4 企业守法合规审核绩效	⊕	☆
2. 政策响应		
S1.5 纳税总额	⊕	★
S1.6 响应国家政策	●	★
S1.7 确保就业及（或）带动就业的政策或措施	●	★
S1.8 报告期内吸纳就业人数	⊕	★
(S2) 员工责任		
1. 基本权益保护		
S2.1 劳动合同签订率	⊕	★
S2.2 集体谈判与集体合同覆盖率	●/⊕	☆
S2.3 民主管理	●	★
S2.4 参加工会的员工比例	⊕	☆
S2.5 通过员工申诉机制申请、处理和解决的员工申诉数量	●/⊕	☆
S2.6 雇员隐私管理	●	☆
S2.7 兼职工、临时工和劳务派遣工权益保护	●	☆
S2.8 员工满意度	⊕	☆
S2.9 员工流失率	⊕	☆
2. 薪酬福利		
S2.10 按运营地划分员工最低工资和当地最低工资的比例	⊕	★
S2.11 社会保险覆盖率	⊕	★
S2.12 超时工作报酬	⊕	☆
S2.13 每年人均带薪年休假天数	⊕	☆
S2.14 按雇佣性质（正式、非正式）划分的福利体系	●	★
3. 平等雇佣		
S2.15 女性管理者比例	⊕	★
S2.16 少数民族或其他种族员工比例	⊕	☆
S2.17 残疾人雇佣率或雇佣人数	⊕	☆
4. 职业发展		
S2.18 员工职业发展通道	●	★
S2.19 员工培训体系	●	★
S2.20 员工培训绩效	⊕	★
5. 职业健康		
S2.21 职业健康与安全委员会中员工的比例	⊕	☆
S2.22 职业病防治制度	●	★

· 166 ·

续表

指标名称	定性指标（●） 定量指标（⊕）	核心指标（★） 扩展指标（☆）
S2.23 职业安全健康培训及绩效	●/⊕	★
S2.24 职业病年发病率	⊕	★
S2.25 工伤预防制度和措施	●	☆
S2.26 员工心理健康制度/措施	●	☆
S2.27 体检及健康档案覆盖率	⊕	★
S2.28 向兼职工、劳务工和临时工及分包商职工提供同等的健康和安全保护	●	☆
6. 员工关爱		
S2.29 困难员工帮扶措施及投入	⊕	★
S2.30 为特殊人群（如孕妇、哺乳妇女等）提供特殊保护	●	☆
S2.31 尊重员工家庭责任和业余生活，确保工作生活平衡	●	☆
（S3）安全生产		
1. 安全生产管理		
S3.1 安全生产管理体系	●	★
S3.2 安全应急管理机制	●	★
2. 安全教育与培训		
S3.3 安全教育与培训	●/⊕	★
S3.4 安全培训绩效	⊕	★
3. 安全生产绩效		
S3.5 安全生产投入	⊕	★
S3.6 安全生产事故数	⊕	★
S3.7 百万工时死亡率	⊕	★
4. 供应链安全管理		
S3.8 供应链安全管理体系	●/⊕	☆
5. 运输、设备和公共安全管理		
S3.9 确保运输安全管理体系	●	★
S3.10 设备安全管理体系	●	★
S3.11 确保公共安全的制度与措施	●	★
（S4）社区责任		
1. 社区发展		
S4.1 评估企业进入或退出社区时对社区环境和社会的影响	●	★
S4.2 新建项目执行环境和社会影响评估的比率	⊕	☆
S4.3 与非自愿迁移相关的措施及成效	●/⊕	★
S4.4 社区代表参与项目建设或开发的机制	●	★
S4.5 企业开发或支持运营所在社区中具有社会效益的项目	●	☆
2. 本地化运营		
S4.6 员工本地化政策	●	★

指标名称	定性指标（●） 定量指标（⊕）	核心指标（★） 扩展指标（☆）
S4.7 本地化雇佣比例	⊕	☆
S4.8 按主要运营地划分，在高层管理者中本地人员的比率	⊕	☆
S4.9 本地化采购政策	●	☆
3. 社会公益		
S4.10 企业公益方针或主要公益领域	●	★
S4.11 企业公益基金/基金会	●	☆
S4.12 海外公益	●/⊕	☆
S4.13 捐赠总额	⊕	★
S4.14 企业支持志愿者活动的政策、措施	●	★
S4.15 员工志愿者活动绩效	⊕	★
第五部分：环境绩效（E 系列）		
（E1）绿色经营		
1. 环境管理		
E1.1 建立环境管理组织体系和制度体系	●	★
E1.2 环保预警及应急机制	●	☆
E1.3 参与或加入的环保组织或倡议	●	☆
E1.4 企业环境影响评价	●	★
E1.5 环保总投资	⊕	★
2. 环保培训		
E1.6 环保培训与宣教	●/⊕	★
E1.7 环保培训绩效	⊕	★
3. 环境信息沟通		
E1.8 环境信息公开	●	☆
E1.9 与社区沟通环境影响和风险的程序和频率	●/⊕	☆
4. 绿色办公		
E1.10 绿色办公措施	●	☆
E1.11 绿色办公绩效	⊕	☆
E1.12 减少公务旅行节约的能源	●/⊕	☆
E1.13 绿色建筑和营业网点	●/⊕	☆
（E2）绿色工厂		
1. 能源管理		
E2.1 建立能源管理体系	●	☆
E2.2 节约能源政策措施	●	★
E2.3 全年能源消耗总量	⊕	★
E2.4 企业的单位产值综合能耗	⊕	★
E2.5 企业使用新能源、可再生能源或清洁能源的政策、措施	●	☆
E2.6 新能源、可再生能源或清洁能源使用量	●	☆

续表

指标名称	定性指标（●）	核心指标（★）
	定量指标（⊕）	扩展指标（☆）
2. 降污减排		
E2.7 化学品泄漏发生次数	⊕	★
E2.8 化学品泄漏总量	⊕	★
E2.9 化学品泄漏污染治理措施	●	★
E2.10 生产噪音治理的制度、措施及技术	●	★
E2.11 异味治理的制度、措施及技术	●	★
E2.12 减少废水排放的制度、措施或技术	●	★
E2.13 废水排放量或减排量	⊕	★
E2.14 化学需氧量排放量或减排量	⊕	★
E2.15 氨氮排放量或减排量	⊕	★
E2.16 减少废气排放的制度、措施或技术	●	★
E2.17 废气排放量或减排量	⊕	★
E2.18 烟（粉）尘排放量或减排量	⊕	★
E2.19 二氧化硫排放量或减排量	⊕	★
E2.20 氮氧化物排放量或减排量	⊕	★
E2.21 减少固体废弃物排放的制度、措施或技术	●	★
E2.22 固体废弃物排放量或减排量	⊕	★
E2.23 危险废弃物管理	●	★
E2.24 危险废弃物排放量或减排量	⊕	★
E2.25 危险化学品仓储、运输和废弃管理	●	★
E2.26 公开披露使用和排放的有毒有害物质的数量和类型以及对人类和环境的风险	●	☆
3. 发展循环经济		
E2.27 节约水资源的制度、措施及技术	●/⊕	★
E2.28 年度新鲜水用水量/单位工业增加值新鲜水耗	⊕	★
E2.29 废水循环再利用的制度、措施及绩效	●/⊕	☆
E2.30 废气循环再利用的制度、措施及绩效	●/⊕	☆
E2.31 固体废弃物循环再利用的制度、措施及绩效	●/⊕	☆
E2.32 化工产品回收再利用的制度、措施及绩效	●/⊕	☆
(E3) 绿色产品		
1. 绿色采购		
E3.1 支持绿色采购的制度与措施	●	★
E3.2 供应商通过 ISO14000 环境管理体系认证的比例	⊕	☆
2. 绿色产品研发		
E3.3 绿色化工产品研发	●	☆
E3.4 绿色化工产品认证比例	⊕	☆

指标名称	定性指标（●）	核心指标（★）
	定量指标（⊕）	扩展指标（☆）
3. 绿色包装与运输		
E3.5 推行绿色包装的措施及绩效	●/⊕	★
E3.6 推行绿色运输的措施及绩效	●/⊕	★
（E4）应对气候变化		
E4.1 减少温室气体排放的计划及行动	●	★
E4.2 二氧化碳捕集、利用和封存	●	☆
E4.3 碳交易行动和绩效	●/⊕	☆
E4.4 温室气体排放量或减排量	⊕	☆
（E5）绿色生态		
E5.1 保护生物多样性	●	★
E5.2 在工程建设中保护自然栖息地、湿地、森林、野生动物廊道、农业用地	●	☆
E5.3 生态恢复治理	●	☆
E5.4 生态恢复治理率	⊕	☆
E5.5 环保公益活动及绩效	●/⊕	★
第六部分：报告后记（A系列）		
（A1）未来计划：公司对社会责任工作的规划	●/⊕	★
（A2）报告评价：社会责任专家或行业专家、利益相关方或专业机构对报告的评价	●	★
（A3）参考索引：对本指南要求披露指标的采用情况	●	☆
（A4）读者反馈：读者意见调查表及读者意见反馈渠道	●	★

管理篇

第六章　报告全生命周期管理

社会责任报告全生命周期管理是指企业在社会责任报告编写和使用的全过程中对报告进行全方位的价值管理，充分发挥报告在利益相关方沟通、公司社会责任绩效监控中的作用，将报告作为提升公司社会责任管理水平的有效工具。社会责任报告全生命周期管理涉及组织、参与、界定、启动、撰写、发布和反馈七个过程要素，如图6-1所示。

（1）组织。建立社会责任报告编写的组织体系并监控报告编写过程。

（2）参与。利益相关方参与报告编写全过程。

（3）界定。确定报告的边界和实质性议题。

（4）启动。召开社会责任报告编写培训会暨启动会。

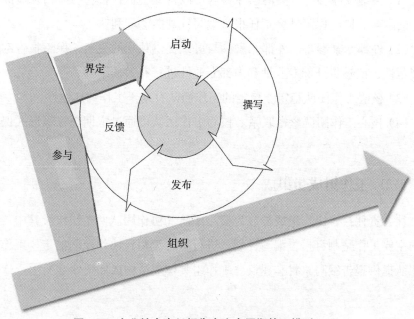

图6-1　企业社会责任报告全生命周期管理模型

（5）撰写。搜集素材并撰写报告内容。

（6）发布。确定发布形式和报告使用方式。

（7）反馈。总结报告编写过程，向利益相关方进行反馈，并向企业内部各部门进行反馈。

其中，组织和参与是社会责任报告编写的保证，贯穿报告编写的全部流程。界定、启动、撰写、发布和反馈构成一个闭环的流程体系，通过持续改进报告编制流程，从而提升报告质量和公司社会责任管理水平。

一、组织

（一）建立工作组的原则

建立科学有效的社会责任报告工作组是报告编写的保障。建立工作组遵循以下原则：

（1）关键领导参与。关键领导参与可以将社会责任报告与公司发展战略进行更好的融合，同时保障社会责任报告编写计划能够顺利执行。

（2）外部专家参与。外部专家参与可以提供独立的视角，保障报告的科学性和规范性，能够将外部专业性和内部专业性进行有效的结合。

（3）核心工作团队稳定。稳定的工作团队有助于工作的连续性。

（4）核心工作团队紧密联系。核心工作团队可通过定期会议等形式保持紧密联系。

（二）工作组成员组成

社会责任报告工作组成员分为核心团队和协作团队两个层次。其中，核心团队的主要工作是制订报告编写计划、进行报告编写；协作团队的主要工作是为核心团队提供报告编写素材和建议。工作组具体成员构成如图6-2所示。

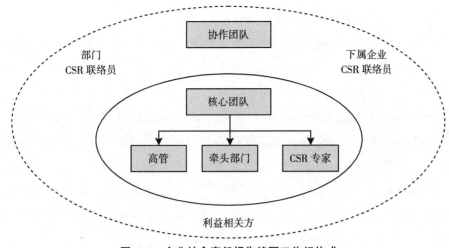

图6-2 企业社会责任报告编写工作组构成

（三）工作组成员分工与职责

社会责任报告工作组成员构成既包括外部专家也包括内部职能部门，既包括高层领导也包括下属企业。在报告编写的前期、中期和后期，各成员分工和职责如图6-3所示。

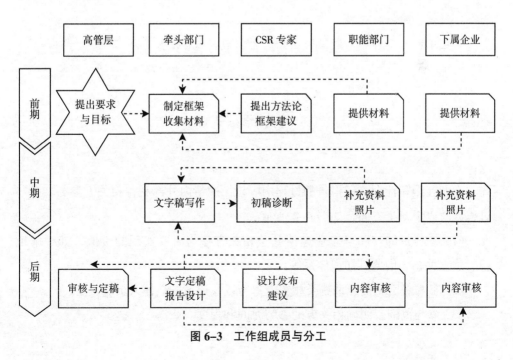

图6-3 工作组成员与分工

案例：华润集团报告编写组织体系

华润集团在社会责任报告编写过程中建立了由集团董事办牵头组织、其他部室和战略业务单元/一级利润中心共同参与的社会责任报告组织体系。集团董事办负责社会责任报告的报送、公告、宣传及推广工作，并组织集团有关部室、战略业务单元/一级利润中心成立报告编制小组，编制版位表，组织报告起草、内容指导、统筹协调、综合统稿、总结评价等工作。

华润集团 2012 年社会责任报告起草小组成员构成为：

主报告：朱虹波、徐莲子、宋贵斌、周文涛、虞柏林、莫炳金、张娜、何叙之、杨坤（集团董事会办公室），章曦（战略管理部），刘辉（人力资源部），何书泉（法律事务部），王学艺（财务部）

分报告：熊浪（华润五丰），孟兰君（华润饮料），张建春（华润医药），汪红、李宗弦（华润银行），吴志鹏（华润纺织），池丽春（华润物业）

独立报告：姜艳、马少君（华润万家），姜宇（华润雪花啤酒），杜剑梅（华润电力）

主报告有关章节责编：朱虹波、徐莲子、宋贵斌、周文涛、虞柏林

分报告责编：熊浪、孟兰君、张建春、汪红、吴志鹏、池丽春

策划、组织与统稿：朱虹波

主编：朱金坤（华润集团副总经理、华润慈善基金会理事长）

二、参与

企业在编写社会责任报告的过程中应积极邀请内外部利益相关方参与。参与过程涉及以下三个方面，如图 6-4 所示。

（1）参与目的。明确企业邀请利益相关方参与时要实现的价值，如了解期望、建立关系、借鉴其知识体系等。

（2）参与者。明确邀请哪类相关方参与以及邀请的具体人员。

（3）参与范围。明确相关方的参与时间和程度。

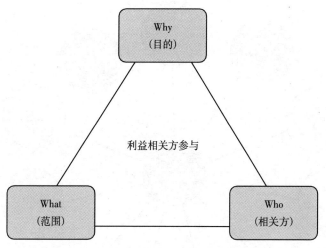

图 6-4　利益相关方参与报告编写的三要素

（一）利益相关方参与报告编写的价值

在报告编写过程中积极邀请外部利益相关方参与具有以下作用：

（1）通过参与了解利益相关方的期望，在社会责任报告中做出针对性回应。

（2）通过参与建立一种透明的关系，进而建立双方的信任基础。

（3）汇聚利益相关方的资源优势（知识、人力和技术），解决企业在编写社会责任报告过程中遇到的问题。

（4）通过参与过程学习利益相关方的知识和技能，进而提升企业的组织和技能。

（5）通过在报告编写过程中坦诚、透明的沟通，影响利益相关方的观点和决策。

（二）识别利益相关方

利益相关方指受企业经营影响或可以影响企业经营的组织或个人。企业的利益相关方通常包括政府、顾客、投资者、供应商、雇员、社区、NGO、竞争者、工会、媒体学者、行业协会等，如图 6-5 所示。

由于企业利益相关方较多，企业在选择参与对象时需按照利益相关方对企业的影响力以及利益相关方对企业的关注程度进行关键利益相关方识别，如图 6-6 所示。

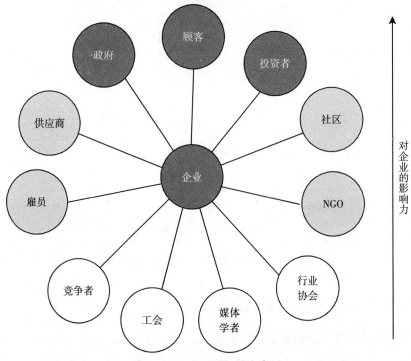

图 6-5　企业利益相关方类型

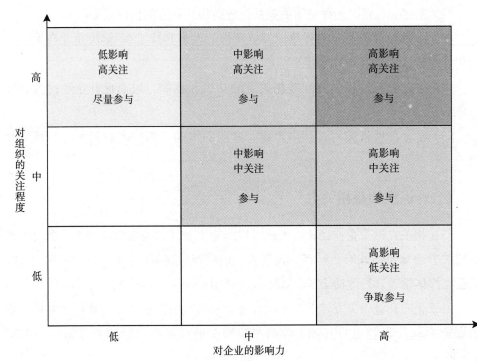

图 6-6　利益相关方筛选原则

（1）对企业具有"高影响高关注"、"中影响高关注"、"高影响中关注"和"中影响中关注"的利益相关方，企业在编写社会责任报告过程中应积极邀请其参与。

（2）对企业具有"高影响低关注"的利益相关方，企业在编写社会责任报告过程中应争取让其参与。

（3）对企业具有"低影响高关注"的利益相关方，企业在编写社会责任报告过程中应尽量让其参与。

（4）对其他利益相关方，企业在社会责任报告编写完成后应履行告知义务。

（三）确定参与形式

在确定利益相关方参与人员后，应确定不同利益相关方的参与形式。按照参与程度划分，利益相关方参与社会责任报告编写主要有三种形式，即告知、咨询与合作，如表6-1所示。

表6-1　利益相关方参与的形式和价值

	性　质	形　式	价　值
告知	被动	①邮件 ②通信 ③简报 ④发布会	将报告编写过程和结果第一时间告诉利益相关方，与相关方建立透明的关系
咨询	积极	①问卷调查 ②意见征求会 ③专题小组 ④研讨会 ⑤论坛	针对性回应利益相关方的期望，倾听相关方意见，与相关方建立信任关系
合作	积极	①联合成立工作组 ②组成虚拟工作组	与利益相关方紧密合作，与相关方建立伙伴关系

案例：中国移动倾听利益相关方意见

中国移动高度重视利益相关方参与和沟通，将利益相关方关注的议题和期望作为社会责任报告的重点内容。中国移动在利益相关方参与和沟通方面的主要做法和经验如下：

（1）2010年，中国移动制定《中国移动通信集团利益相关方沟通手册》，对利益相关方沟通的方式、流程和工具进行了规定，确保利益相关方参与和沟通有章可循。

（2）在报告编制前召开利益相关方座谈会，倾听利益相关方对社会责任报告的意见和建议。

（3）开设总裁信箱，总裁信箱设立两年来，近 3000 封来自客户、合作伙伴、员工的信件得到及时回复和妥善处理。

（4）发布《中国移动每日舆情摘要》，对社会公众关注的热点问题及时跟踪和反馈。

（5）积极举办客户接待日、媒体沟通会等利益相关方沟通活动。

三、界定

（一）明确报告组织边界

报告的组织边界指与企业相关的哪些组织应纳入报告的披露范围。企业通常按照以下四个步骤确定报告的组织边界。

第一步：明确企业价值链

企业按照上游、中游和下游明确位于企业价值链的各个组织体，在明确价值链的基础上，列出与企业有关的组织体名单。一般来说，企业价值链主要构成组织体包括：

（1）上游：社区、供应商。

（2）中游：员工、股东、商业伙伴、NGO、研究机构。

（3）下游：分销商、零售商、顾客。

第二步：根据"控制力"和"影响力"二维矩阵明确报告要覆盖的组织体

列出与企业有关的组织体名单后，企业应根据"企业对该组织体的控制力"和"该组织体活动对企业的影响"两个维度将企业分为以下四类。其中，A 类、B 类和 C 类三类组织体应纳入报告覆盖范围，如图 6-7 所示。

第三步：确定披露深度

在明确报告覆盖范围后，应针对不同类别明确不同组织体的披露深度：

（1）对 A 类组织体：企业应披露对该组织体的战略和运营数据。

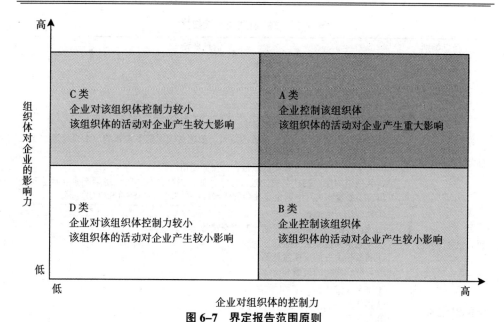

图 6-7　界定报告范围原则

（2）对 B 类组织体：企业应披露对该组织体的战略和管理方法。

（3）对 C 类组织体：企业应披露对该组织体的政策和倡议。

第四步：制订披露计划

在确定披露深度后，企业应根据运营和管理的实际对不同组织体制订相应的披露计划。

（二）界定实质性议题

实质性议题即关键性议题，指可以对企业长期或短期运营绩效产生重大影响的决策或活动。企业可以按照以下三个步骤确定实质性议题。

第一步：议题识别

议题识别的目的是通过对各种背景信息的分析，确定与企业社会责任活动相关的议题清单。在议题识别过程中需要分析的信息类别和信息来源如表 6-2 所示。

第二步：议题排序

在识别出社会责任议题后，企业应根据该议题对"对企业可持续发展的影响度"和"对利益相关方的重要性"两个维度进行实质性议题排序，如图 6-8 所示。

表 6-2 议题识别的环境扫描

信息类别	信息来源
企业战略或经营重点	①企业经营目标、战略和政策 ②企业可持续发展战略和 KPI ③企业内部风险分析 ④企业财务报告等
报告政策或标准分析	①社会责任报告相关的国际标准，如 GRI 报告指南、ISO26000 ②政府部门关于社会责任报告的政策，如国务院国资委发布的《中央企业"十二五"和谐发展战略实施纲要》 ③上交所、深交所对社会责任报告的披露邀请 ④其他组织发布的社会责任报告标准，如中国社会科学院经济学部企业社会责任研究中心发布的《中国企业社会责任报告编写指南（CASS-CSR3.0）》等
利益相关方分析	①利益相关方调查 ②综合性的利益相关方对话、圆桌会议等 ③专题型利益相关方对话 ④利益相关方的反馈意见等 ⑤与行业协会的沟通和交流
宏观背景分析	①国家政策 ②媒体关注点 ③公众意见调查 ④高校和研究机构出版的研究报告

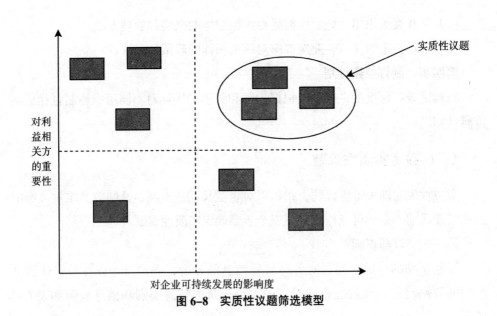

图 6-8 实质性议题筛选模型

第三步：议题审查

在明确实质性议题清单之后，企业应将确立的实质性议题征询内外部专家意见，并报高层管理者审批。

案例：斗山工程机械（中国）实质性议题选择

2012 年，斗山 Infracore（中国）运用公司独有的评价模型，通过内部评估、外部单位评价以及利益相关方调研相结合的方式，导出公司目前的社会责任工作水平和到 2013 年末能够改善的社会责任核心议题及其优先顺序。模型评价结果显示中国在技术与革新、人才培养、组织文化/人权/劳动等部分获得较好的评价，但在客户价值、环境、企业伦理等部分需要改善。

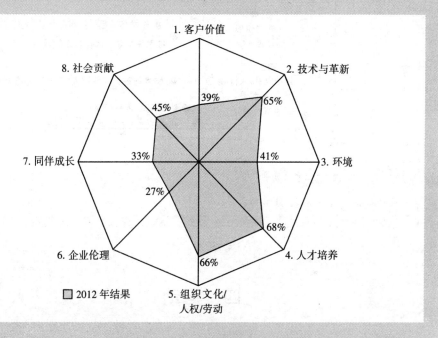

利益相关方调研则显示其共同认为客户价值、技术与革新、同伴成长、人才培养是企业经营的重要部分。通过议题筛选，斗山 Infracore 选择企业伦理、社会贡献、组织文化/人权/劳动、环境部分的 4 个议题作为企业社会责任核心议题（韩国总部已成立专门的技术本部来促进技术和革新议题）。

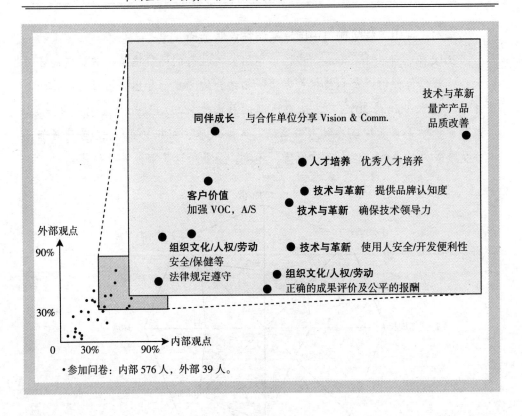

四、启动

(一) 召开社会责任报告培训会

召开社会责任报告培训会的目的是通过培训会确保公司上下对社会责任报告的重要性、编写工作流程形成统一的认识。在组织报告编写培训会时应注意考虑以下因素：

(1) 培训会对象：企业社会责任联络人。

(2) 培训会讲师：外部专家和内部专家相结合。

(3) 培训课件：社会责任发展趋势和本企业社会责任规划相结合。

（二）对社会责任报告编写任务进行分工

在培训启动会上，社会责任报告编写牵头组织部门应对报告编写任务进行分工，明确报告参与人员的工作要求和完成时间。

案例：中国黄金集团社会责任报告编写培训会

2012 年 10 月 25 日，中国黄金集团在北京举办社会责任培训班，集团下属 50 家主要生产企业社会责任专职工作人员参加了培训。培训期间邀请国资委研究局、中国社会科学院经济学部企业社会责任研究中心的领导和专家就国内外社会责任发展情况、社会责任理论等方面进行了讲解，集团公司社会责任主管部门负责人介绍了集团公司的社会责任工作情况，并对集团下一步社会责任工作提出了要求，确定了奋斗目标。培训收到了预期的效果，为集团全面推进社会责任工作奠定了坚实的基础。

五、撰写

充足、有针对性的素材是报告质量的保证。企业在收集报告编写素材时可采用但不限于：

（1）下发部门资料收集清单。

（2）对高层管理者、利益相关方进行访谈。

（3）对下属企业进行调研。

（4）对企业存量资料进行案头分析。

资料清单模板：××公司社会责任报告数据、资料需求清单

填报单位：人力资源部 　　　　　填报人： 　　　　审核人：

1. 数据指标。

编号	指标	2008 年	2009 年	2010 年	备注
1	员工总数（人）				
2	劳动合同签订率（%）				
⋮	⋮				

2. 文字材料。

（1）公平雇佣的理念、制度及措施。

（2）员工培训管理体系。

……

3. 图片及视频资料。

（1）员工培训的图片。

（2）文体活动图片。

……

4. 贵部门认为能够体现我公司社会责任工作的其他材料、数据及图片。

案例：北汽集团社会责任信息收集与调研

2013 年，北汽集团启动首份社会责任报告编写工作。为确保资料收集质量，北汽集团采取下发"资料清单"和下属企业走访调研相结合的方式。2013 年 4~5 月，项目共调研了北京现代、北京奔驰、湖南株洲公司、重庆北汽银翔等 11 家下属企业，收集了丰富的材料。

通过下属企业走访调研的方式可以收集到更多的一手材料，同时在调研过程中可以对企业在社会责任方面的疑问进行解答，是一种比较高质量的资料收集方式。

六、发布

(一) 确定报告格式

随着技术发展和公众阅读习惯的改变，企业社会责任报告的格式日趋多样性。目前，企业社会责任报告的形式主要有：

(1) 可下载的 PDF 格式；

(2) 互动性网络版；

(3) 印刷品出版物；

(4) 印刷简本；

(5) 网页版；

(6) 视频版；

(7) APP 版本。

不同的报告格式具有不同的优缺点和针对性，企业应根据以下因素确立最佳报告形式组合策略：

(1) 利益相关方的群体性；

(2) 不同利益相关方群体的关注领域；

(3) 不同利益相关方群体的阅读习惯；

(4) 人们阅读和沟通的发展趋势及技术发展趋势。

(二) 确定报告读者对象

社会责任报告的目标读者通常包括政府、投资机构、客户、员工、供应商、媒体、非政府组织、行业协会和一般公众。企业应根据自身情况确定目标读者对象。

(三) 确定发布形式

不同的发布形式具有不同的传播效果。通常，社会责任报告的发布形式主要有专项发布会、嵌入式发布会、网上发布、直接递送和邮件推送等，如表 6-3 所示。

表 6-3　报告发布会类型

类　型	含　义
专项发布会	为社会责任报告举办专项发布会
嵌入式发布会	在其他活动中嵌入社会责任报告发布环节
网上发布	将社会责任报告放在互联网上并发布公司新闻稿
直接递送	将社会责任报告的印刷版直接递送给利益相关方
邮件推送	将公司社会责任报告电子版或网站链接通过邮件推送给利益相关方

案例：中国三星报告发布会

2013 年 3 月 18 日，中国三星发布首份"中国三星社会责任报告书"。报告书在"人才第一、顾客满足、诚信守法、追求共赢、绿色经营"等方面展示了中国三星企业社会责任优秀的事例，在倾听中国社会声音的同时，承诺率先变为"开放的中国三星"。在发布会上，中国三星宣布 2013 年为中国三星企业社会责任（Corporate Social Responsibility，CSR）经营元年，旨在通过更高层次的 CSR 活动，与中国人民以及中国社会一起建设"美丽中国"。同时，为了实现"共享企业社会责任资源和力量"，中国三星与中国社会科学院经济学部企业社会责任研究中心签订了战略合作协议，成立"中国企业社会责任研究基地"。这是中国首家外资企业成立的社会责任研究基地，通过向中小企业开展"企业社会责任公益培训"，让更多的企业投身到履行社会责任的行列中。

七、反馈

在社会责任报告发布后，企业应总结本次报告编写过程，并向外部利益相关方和内部相关部门进行反馈。反馈的主要形式包括但不限于会议、邮件、通信等。反馈的内容主要是本次报告对内外部利益相关方期望的回应和未来行动计划。

第七章 报告质量标准

一、过程性

（一）定义

过程性即社会责任报告全生命周期管理，指企业在社会责任报告编写和使用的全过程中对报告进行全方位的价值管理，充分发挥报告在利益相关方沟通、公司社会责任绩效监控方面的作用，将报告作为提升公司社会责任管理水平的有效工具。

（二）解读

过程性涉及社会责任报告全生命周期管理中的组织、参与、界定、启动、撰写、发布和反馈七个过程要素。其中，组织和参与是社会责任报告编写的保证，贯穿报告编写的全部流程。界定、启动、撰写、发布和反馈构成一个闭环的流程体系，通过持续改进报告编制流程，从而提升报告质量和公司社会责任管理水平。

（三）评估方式

编制报告过程中是否执行了报告管理全过程的规定性工作。

二、实质性

（一）定义

实质性是指报告披露企业可持续发展的关键议题以及企业运营对利益相关方的重大影响。简单地说，实质性就是研究企业社会责任报告披露社会责任信息是否"到位"，考察企业社会责任报告"是否涵盖了行业特征议题、时代议题等关键的社会责任议题，以及是否覆盖了受其重大影响的关键利益相关方"。利益相关方和企业管理者可根据实质性信息做出充分判断和决策，并采取可以影响企业绩效的行动。

（二）解读

企业社会责任议题的重要性和关键性受到企业经营特征的影响，具体来说，企业社会责任报告披露内容的实质性由企业所属行业、经营环境和企业的关键利益相关方等决定。

（三）评估方式

内部视角：报告议题与企业经营战略的契合度。
外部视角：报告议题是否回应了利益相关方的关注点。

案例：中国民生银行聚焦实质性议题

《中国民生银行 2012 年社会责任报告》在编写过程中注重实质性议题的披露，报告主体部分分为"完善责任治理，加强责任沟通"、"推进流程改革，打造最佳银行"、"聚焦小微金融，开创发展蓝海"、"服务实体经济，致力金融普惠"、"建设民生家园，关爱员工成长"、"共建生态文明，助力美丽中国"、"投身慈善公益，倾力回报社会"七大领域，较好地反映了民生银行的本质责任和特色实践。

三、完整性

（一）定义

完整性是指社会责任报告所涉及的内容较全面地反映企业对经济、社会和环境的重大影响，利益相关方可以根据社会责任报告知晓企业在报告期间履行社会责任的理念、制度、措施以及绩效。

（二）解读

完整性从两个方面对企业社会责任报告的内容进行考察：一是责任领域的完整性，即是否涵盖了经济责任、社会责任和环境责任；二是披露方式的完整性，即是否包含了履行社会责任的理念、制度、措施及绩效。

（三）评估方式

（1）标准分析：是否满足了《中国企业社会责任报告指南（CASS-CSR3.0）》等标准的披露要求。

（2）内部运营重点：是否与企业战略和内部运营重点领域相吻合。

（3）外部相关方关注点：是否回应了利益相关方的期望。

案例：南方电网公司披露了指南 86.01% 的核心指标

《中国南方电网公司社会责任报告 2012》共 82 页，报告从"责任管理"、"电力供应"、"绿色环保"、"经济绩效"及"社会和谐"等方面，系统披露了《中国企业社会责任报告编写指南》电力供应业核心指标的 86.01%，具有很好的完整性。

四、平衡性

（一）定义

平衡性指企业社会责任报告应中肯、客观地披露企业在报告期内的正面信息和负面信息，以确保利益相关方可以对企业的整体业绩进行正确的评价。平衡性研究企业社会责任报告披露社会责任信息的"对称性"，要求企业社会责任报告不仅要注重对于正面社会责任信息的披露，更应该披露企业在报告期发生的责任缺失事件以及企业应对责任缺失事件的制度、措施以及取得的绩效。

（二）解读

平衡性要求是为了避免企业在编写报告的过程中对企业的经济、社会、环境消极影响或损害的故意性遗漏，影响利益相关方对企业社会责任实践与绩效的判断。

（三）评估方式

考查企业在社会责任报告中是否披露了实质性的负面信息。如果企业社会报告未披露任何负面信息，或者对社会已知晓的重大负面信息在社会责任报告中未进行披露和回应，则违背了平衡性原则。

案例：中国石化股份公司重视负面信息披露

2012年7月23日，承运商在由广州南沙前往汕头途中，受台风影响，有6个装载中国石化公司生产的聚丙烯产品的集装箱落入香港海域，箱内白色聚丙烯颗粒散落海面，部分颗粒漂至香港愉景湾、南丫岛深湾等附近海滩，引起广泛关注。在《中国石化2012年可持续发展进展报告》中，用专题形式对本次事件背景、公司应对和相关方反馈进行了详细披露。

五、可比性

（一）定义

可比性指报告对信息的披露应有助于利益相关方对企业的责任表现进行分析和比较，研究企业社会责任报告披露的社会责任信息可比较程度，有利于企业利益相关方更好地把握企业的社会责任绩效。

（二）解读

可比性体现在两个方面：纵向可比与横向可比，纵向可比性是同一指标的历史可比性，横向可比性是同一指标的企业之间的可比程度和企业同行业平均水平的可比程度，企业在披露相关责任议题的绩效水平时既要披露企业历史绩效，又要披露同行绩效。

（三）评估方式

考查企业是否披露了连续数年的历史数据和行业数据。

> **案例：华电集团社会责任报告披露了 61 个可比指标**
> 《中国华电集团公司社会责任报告 2012》披露了 61 个关键绩效指标连续 3 年的历史数据，同时披露了多项公司与同行业在环境绩效、责任管理等方面的横向比较数据，具有较强的可比性。

六、可读性

（一）定义

可读性指报告的信息披露方式易于读者理解和接受，可读性强的社会责任报告在结构、条理、语言、表达形式以及设计等方面更便于读者接受。

（二）解读

企业社会责任报告的可读性可体现在以下方面：

（1）结构清晰，条理清楚。

（2）语言流畅、简洁、通俗易懂。

（3）通过流程图、数据表、图片等使表达形式更加直观。

（4）对术语、缩略词等专业词汇做出解释。

（5）方便阅读的排版设计。

（三）评估方式

从报告篇章结构、排版设计、语言、图表等各个方面对报告的通俗易懂性进行评价。

> **案例：中国兵器工业集团报告可读性优秀**
>
> 《中国兵器工业集团社会责任报告 2012》框架清晰，篇幅适宜；语言简洁流畅，结合大量案例，配图精美，表达方式丰富多样，并对专业词汇进行了解释，可读性表现优秀。

七、创新性

(一) 定义

创新性是指企业社会责任报告在内容或形式上具有重大创新，即报告在内容和形式方面与以往报告相比是否更为有新意。创新性对企业持续推进可持续报告质量的提高提出了新的、更高的要求。

(二) 解读

社会责任报告的创新性主要体现在两个方面：报告内容的创新和报告形式的创新。创新不是目的，通过创新提高报告质量是根本。

(三) 评估方式

将报告内容、形式上与国内外社会责任报告以及企业往期社会责任报告进行对比，判断其有无创新，以及创新是否提高了报告质量。

案例：华润集团社会责任报告注重创新性

《华润（集团）有限公司 2012 年社会责任报告》通过连环画的形式介绍"走进华润世界"，形式新颖，易于利益相关方理解；通过"品牌树"的方式介绍了公司丰富的产品品牌，易于利益相关方全面了解华润的业务和产品；在形式上，通过"集团报告"和"重点企业报告"两种方式呈现，具有很好的创新性。

案例篇

第八章 案 例

一、中国石油化工集团公司社会责任报告管理

(一) 公司简介

中国石油化工集团公司 (Sinopec Group) 是 1998 年 7 月国家在原中国石油化工总公司基础上重组成立的特大型石油石化企业集团，是国家独资设立的国有公司、国家授权投资的机构和国家控股公司。公司注册资本 2316 亿元，董事长为法定代表人，总部设在北京，中国石油化工集团公司在 2014 年《财富》世界500 强企业中排名第 3 位。

公司对其全资企业、控股企业、参股企业的有关国有资产行使资产受益、重大决策和选择管理者等出资人的权力，对国有资产依法进行经营、管理和监督，并相应承担保值增值责任。公司控股的中国石油化工股份有限公司先后于 2000年 10 月和 2001 年 8 月在境外、境内发行 H 股和 A 股，并分别在中国香港、纽约、伦敦和中国上海上市。

中国石油化工集团公司 (以下简称"中国石化") 致力于"建设成为人民满意、世界一流能源化工公司"，业务包括油气勘探开发、石油炼制和油品销售、化工产品生产和销售、石油和炼化工程服务、国际贸易、科技研发等。2013 年，中国石化实现营业收入 29451 亿元，生产原油 7659 万吨，天然气 259 亿立方米，加工原油 23370 万吨，向社会提供成品油 18000 万吨，化工产品经营量5823 万吨。

中国石化为百姓衣、食、住、行、用提供基础原料和能源动力保障，提升大众生活水平，推动经济发展；通过 3 万多个加油站提供服务，使人们的出行更加高效和便捷；不断研发，提高油品质量和标准，使人们在享受现代生活的同时，拥有洁净和宜居的环境；生产高品质特种油品，为航空、航天和商用车辆提供更高效节能的能源动力。

中国石化以负责任的态度，通过投资、贸易和工程服务，融入和促进全球 70 个国家和地区的经济及社会的发展和进步。作为国际性公司，中国石化秉持对优秀企业公民最佳实践标准的承诺，注重与投资和贸易伙伴国互利互惠、共同发展，力求与当地社会共同发展，并为推动世界能源行业进步做出贡献。

中国石化除大力开发新能源外，努力让"能源环境成本"理念深入人心，把有限的资源最大限度地惠及每一个人。社会责任永远是企业的核心竞争力，离开了各利益相关方，企业则无法生存和发展。中国石化注重与合作伙伴的深度合作，共同追求生产过程清洁和终端产品清洁。一直以来，中国石化不断致力于在自身发展和环境保护之间谋求平衡。2011 年，中国石化把绿色低碳战略提升为集团未来发展战略之一。作为全球契约中国网络的轮值主席单位，秉承"1+3"，即一家公司至少带动三家合作伙伴的原则，中国石化努力推动与自身业务联系密切的上下游合作企业加入联合国全球契约组织，通过自身的切实行动，带动更多的中国企业加大环境保护投入，共同推动社会关注气候、改善环境。

(二) 履责历程

表 8-1 中国石油化工集团公司履责历程

时间	履责实践
1998~2007 年	2000 年，公司开始捐助中国妇女发展基金会"大地之爱·母亲水窖"项目，当年即捐助专项基金 100 万元，2007 年捐赠 200 万元，分别在贵州遵义、锦屏、凯里、龙里地区修建了近 10 处供水工程
	2002 年，公司开始对口支援西藏班戈县，到 2007 年底，公司累计投入援藏资金 8686 万元
	2004 年，公司加入"中华健康快车基金会"发起的"健康快车"行动，2004~2007 年向健康快车基金会捐赠资金 6180 万元
	2004 年，公司启动了"春蕾计划"，积极帮助失、辍学女童重返课堂。从 2004 年 9 月至 2007 年 7 月的 3 个学年度，先后在四川、甘肃、贵州、湖南四省的 26 个县，资助约 2 万名"春蕾"女童完成小学学业
	2004~2007 年，公司投资数亿元，进行清洁生产项目近 450 个，约减少污染物排放 25%
	从 2005 年起，公司每年安排专项资金 4 亿~5 亿元，用于环保达标治理、恶臭气体治理、污水回用、油气治理等项目

续表

时间	履责实践
1998~ 2007 年	2005~2006 年，向江西省人民政府捐赠了 5000 万元，用于江西革命老区、贫困地区农村中小学的新建或改造工程
	自 2006 年开始，中国石化开始赞助"中国聋儿启聪行动"项目
	2007 年制定并颁布了《安全生产禁令》
	2007 年累计投资 18.5 亿元，集中治理了 1100 项隐患，提高了装置设施的本质安全水平
	2007 年公司制定了《"三废"综合利用管理办法》，设立年度专项奖励资金
	2007 年《员工守则》在全系统颁布实施，积极倡导保护环境、保护健康、严格管理、爱护员工的管理理念
	2007 年，我国许多地区遭受了严重的洪涝、干旱、地震等自然灾害，中国石化及时组织人力、物力，积极配合当地政府做好各项救灾救助工作，全年救援救灾款累计达到 5900 万元
2008 年	2008 年发布第一份企业社会责任报告，即中国石油化工集团公司 2007 年企业社会责任报告
	成立抗灾保供领导小组，迅速启动抗灾保供应急预案，应对南方特大冰雪灾害
	在汶川地震发生后，公司立即发出《关于全力做好抗震救灾工作的紧急通知》，提出十项抗灾保供措施，保障抢险设备汽油柴油供应
	制定了详细的《奥运期间成品油保供方案》，保证奥运会清洁油品供应
	发起"畅行 2008"社会公益活动；向北京奥运会输出了 24 名驾驶员志愿者和志愿者管理人员、组织了 600 名加油站志愿服务者
	投资 18.38 亿元，对 741 项安全环保隐患进行了集中治理
	环保专项治理资金 3.4 亿多元，进一步整治企业存在的突出环保问题
	组建节能监测中心和节能技术服务中心，开展能耗监测工作
	公司赞助的新疆眼科显微手术培训中心落成，为新疆地区培养眼科医疗人才，利用远程教学网络开展培训工作
	"健康快车光明行"治愈白内障患者 2338 名
	在安徽颍上、岳西和湖南泸溪、凤凰四个定点扶贫县共实施涉及基础设施建设、扶贫助学、产业开发、劳务输出培训等 12 个扶贫项目。投入扶贫资金 1240 万元
	支援西藏班戈县建设资金 1847 万元，帮助完成了 9 个建设项目
	出资 1195.2 万元，资助 9960 名高中"春蕾"女生就学
2009 年	中国石化《服务"三农"，保障"三夏"，为农业增产增收做贡献》和《赞助"健康快车"，为贫困地区白内障患者送去光明》两项社会实践活动，入选国资委 2009 年度"中央企业优秀社会责任实践"
	获得中华健康快车基金会 2009 年度唯一"光明功勋特别奖"
	获得中华全国妇女联合会 2009 年度"儿童慈善奖"
	全系统开展"我要安全"系列活动
	制定《中国石化对外宣传管理办法》，专章规定加强信息披露及对外发布信息的工作
	共开展员工帮扶救助 242632 人次
	油田企业共投入资金 11.8 亿元，建设 68 个项目，包括住宅小区安全隐患设施，以及水、电、暖等基础设施改造
	在叙利亚哈塞克（Hassakeh）地区进行社区基础设施建设，包括 4 个医院的污水处理系统改造、新建村庄基础设施建设

续表

时间	履责实践
2009 年	共投入援藏资金 2567 万元,建设牧民安居工程、班戈县中国石化希望小学、乡村文化室以及教育培训、扶贫助学、特色产品加工、乡级兽防站配套项目建设等 10 个惠民利民工程
	出资 1195 万元继续帮助四省贫困地区的 9960 名高中女生完成学业
	捐建希望学校近 40 所,建设面积 2.4 万平方米
	全资 3000 万元捐建的"中国石化光明号健康快车"投入使用
2010 年	以"每一滴油都是承诺"的社会责任理念为主线,从多角度开展和加强企业社会责任(CSR)管理工作
	初步建立了 CSR 管理的组织体系、制度体系和责任体系
	与中国社科院企业社会责任研究中心联合成立"中国企业社会责任研究基地"
	与所有供应商签订《恪守商业道德协议书》以规范商业行为
	在首届中国工业产品质量信誉论坛上,中国石化与其他 155 家企业共同签署了《全球质量信誉承诺倡议书》
	入选国际数据集团(IDG)和美国斯坦福大学的全球竞争力品牌·中国 TOP10 排行榜
	安排环保投资(不含新建项目投资)14.8 亿元,其中环保隐患治理项 103 项,完成治理项目投资 3.54 亿元
	向社会捐助人民币超过 1.4 亿元,800 万美元;志愿者服务人数达 3 万余名。获得"中华慈善奖"提名奖、"中国红十字勋章"、"光明功勋特别奖"等
	出资 700 万美元支持北京市申办 2015 年世锦赛,成为国际田联官方合作伙伴
	向青海玉树灾区捐助 1500 万元
	向国家级贫困县投入 1180 万元资金,持续提高当地造血能力
	投入 2583.4 万元支援西藏
	出资 597.6 万元继续资助四川、贵州、甘肃、湖南四省贫困地区的 9960 名"春蕾"高中生完成高中学业
	"健康快车"开赴四川绵竹、新疆喀什、广西桂林等地,继续"光明"之旅
2011 年	开设 2000 多座抗旱用油专供站,全力保障华北、黄淮等冬小麦主产区抗旱
	成为第九届少数民族运动会赞助商
	"中国石化光明号"健康快车停靠青海乐都,开展为期三个月的免费救治贫困白内障患者活动,帮助 1000 多名白内障患者重见光明。在河南省新乡市,为 1000 余名贫困白内障患者免费实施复明手术
	全面部署"为民服务创先争优"活动,努力实现客户、员工双满意。对社会公众公开"五个承诺",对广大员工公开"六个承诺"
	对口支援建设的世界海拔最高的援藏小学——西藏"班戈县中国石化小学"正式启用
	中国石化长城润滑油助力"天宫一号"与"神舟八号"飞船交会对接
	联合国全球契约中国网络成立,中国石化成为首届轮值主席单位
	获得民政部颁发的"中华慈善奖·最具爱心捐赠企业"称号,获新华社颁发的"中国企业社会责任杰出企业奖"
	捐助国内外体育事业共计 3600 余万元
	中国石化在四个定点扶贫县共投入扶贫资金 1280 万元,实施了 15 个扶贫项目
	中国石化各企业共投入 200 万元,资助家庭贫困的优秀大学生和高中生 1257 人

时间	履责实践
2012 年	在中国新闻社等主办的第七届中国·企业社会责任国际论坛上，中国石化获评"2011 最具责任感企业"奖
	中国石化入选美国国际数据集团评选的"2012 全球竞争力中国 TOP10"，并且荣获单项奖中的"最具社会责任品牌"奖
	勇于承担社会责任，成功处理聚丙烯颗粒漏撒香港海滩事件
	云南省昭通、贵州省毕节发生地震后，中国石化通过应急救援、保供油品、捐赠资金等方式积极抗震救灾
	"中国石化光明号"健康快车到广西玉林、福建龙岩，为 2000 余名贫困白内障患者免费开展扶贫复明手术
	中国石化在京举行发布仪式，正式发布《中国石油化工集团公司环境保护白皮书》（2012 年版）
	2012 年 6 月，"里约＋20"联合国可持续发展大会期间，中国石化发布了首份社会责任国别报告《中国石化在巴西》
	全年共向社会捐助折合人民币约 1.8 亿元，推进企业与社会和谐发展
	社区工作用工总量 6.7 万人，服务社区居民 210 万人
2013 年	2013 年 4 月 24 日，中国石化 1 号生物航煤在商业客机首次试飞成功
	正式成立能源管理与环境保护部，这是中央企业首次成立专门负责绿色低碳、能源与环境管理的部门
	通过《关于加强和改进企业社会责任管理工作的指导意见》、《企业社会责任工作管理办法》
	举行"美丽中国，绿色石化"主题签名活动，组织石化职工参与签名，同时发放《节能环保倡议书》
	荣获由中国新闻社等评选的"中国低碳榜样奖"，这是中国石化连续三年荣获此奖项
	由联合国全球契约中国网络主办、中国石化承办的"生态文明·美丽家园"关注气候中国峰会在北京召开。中国石化在会上宣布开展"碧水蓝天"环境保护行动
	中国石化在肯尼亚发布首份非洲社会责任报告——《中国石化在非洲》
	出台了《关于中国石油化工集团公司地热产业发展的指导意见》，推进全系统地热能开发利用步伐，规范和指导地热产业发展
	举办各类志愿服务活动 2 万余次，服务人数达 150 多万人
	中国石化健康快车开进四川广安、青海乐都和吉林松原，共治愈白内障患者 3802 人
	中国石化在第九届"中国·企业社会责任国际论坛暨 2013 责任中国"荣誉盛典上被评为"最具责任感企业"
	中国石化在联合国环境基金会、内地及港澳台环境保护协会主办的 2013 年绿色中国评选活动中荣获"2013 绿色中国——杰出企业社会责任奖"
	《财富》中文版发布 2013 年企业社会责任 100 强，中国石化位列中国公司第三、石油与天然气行业第一
	中国石化荣获 2013 年亚太地区品牌与声誉杰出成就奖（SABRE Awards）之危机管理、企业社会责任两项金奖
2014 年	1 月，中国石化广东石油在广东省境内通往广西、贵州、四川、湖南 4 省的部分国道、省道加油站，为 1 万名"摩骑"返乡人员提供免费加油，发放超过 1 万份"易捷福袋"（内含饼干蛋糕、方便食品、饮料等）

续表

时间	履责实践
2014 年	2 月，中国石化获得中国第一张生物航煤生产许可证，标志着国产生物航煤正式进入商业化应用阶段
	3 月，中华健康快车在京举行光明行发车仪式。2014 年"中国石化光明号"健康快车为广东湛江、山西晋中和山东泰安 3 个地区 3006 名贫困白内障患者实施免费手术
	4 月，中国石化启动 2014 年中国石化质量日活动
	5 月，中国石化印发《2014 年安全隐患治理、"碧水蓝天"环保专项行动效能监察工作方案》，进一步规范安全隐患治理项目监管，确保及时有效消除安全隐患
	6 月，在联合国全球契约中国网络主办的第二届"生态文明·美丽家园"关注气候中国峰会上，中国石化正式启动"能效倍增"计划，到 2025 年能效提高 100%
	7 月，超强台风"威马逊"袭击海南，中国石化紧急启动防台、防汛应急预案，落实 24 小时值班制，3000 名职工在暴风骤雨中坚守岗位
	8 月，中国石化正式颁布新版企业文化建设纲要——《中国石油化工集团公司企业文化建设纲要（2014 年修订版）》，确立"为美好生活加油"的企业使命，"建设成为人民满意、世界一流能源化工公司"的企业愿景，"人本、责任、诚信、精细、创新、共赢"的企业核心价值观
	9 月，中国石化代表团出席联合国气候峰会
	10 月，普洱景谷县发生地震，中国石化第一时间启动救灾预案，调运矿泉水、大米等生活物资到灾区，满足救灾人员和灾区群众的生活需要
	11 月，在中国石化首个安全生产警示日，中国石化郑重承诺：3 年内全面完成现有隐患整治工作
	12 月，中国石化在天津所有加油站全面供应国 V 标准车用汽、柴油，比国家要求提前 3 年
	12 月，中国石化正式发布《中国石化页岩气开发环境、社会、治理报告》，这是中国企业首次发布此类专项报告
	12 月，"2014 中国企业可持续竞争力年会——社会责任能力成熟度与企业公众透明度"发布企业公众透明度蓝皮书，中国石化荣获最佳环境信息披露奖
	12 月，"第十届中国企业社会责任国际论坛暨 2014 最具责任感企业颁奖典礼"在京举行，中国石化荣获"2014 最具责任感企业奖"，是唯一连续 4 年获得该荣誉的石油化工企业
	12 月，在由全国妇联、中国儿童少年基金会主办的纪念"春蕾计划"实施 25 周年大会上，中国石化荣膺"中国儿童慈善奖—感动春蕾"奖项

（三）责任报告

1. 报告概览

企业社会责任报告是企业就社会责任议题与利益相关方进行沟通的重要平台。中国石油化工集团公司自 2008 年发布第一份企业社会责任报告以来，本着客观、规范、透明、全面的原则，已经连续 7 年发布企业社会责任报告，披露公司保障能源供应以及经济、环境、社会等方面的工作绩效。此外，中国石化除了在社会责任报告中以"海外专题"的形式披露公司在海外的履责情况，还发布地区报告，如 2012 年发布《中国石化在巴西》（中文、英文、葡萄牙文），2013 年发布《中国石化在非洲》（中文、英文），从业务发展、安全生产、保护当地环境、关爱员工和社区参与 5 个方面披露中国石化在巴西和非洲的履责实践；随着中国第一个大型页岩气田——涪陵页岩气田的开发，中国石化于 2014 年发布了《中国石化页岩气开发环境、社会、治理报告》，披露中国石化涪陵页岩气开发项目在页岩气安全开发、保护当地环境、社区沟通等方面的实践，回应公众的知情诉求。

2014 年 4 月，中国石化发布《中国石油化工集团 2013 年企业社会责任报告》，这是公司第七份社会责任报告，从"公司治理"、"责任管理"、"清洁能源"、"安全生产"、"生态文明"、"关爱员工"、"伙伴责任"、"海外社会责任报告"、"社会责任大事记"、"社会评价"等方面全面披露公司在 2013 年的履责情况。

中国石化利用每年度发行的企业社会责任报告书，将企业社会责任方面的成果向社会做积极的展示，并在公司主页刊登电子版，为各相关机构背对背评价方式提供便利。同时，积极联络企业社会责任专家进行评价沟通，主动提交报告成果，参与外部评价，为进一步提升和改善企业社会责任工作和社会责任报告编制水平。

表 8-2　中国石油化工集团公司社会责任报告发布情况

发布时间	报告名称	报告页数	报告语言	报告版本	参考标准	第三方评价
2008 年	《中国石油化工集团 2007 年企业社会责任报告》	60	中文	印刷版、电子版	GRI3.0 IPIECA/API	—
2009 年	《中国石油化工集团 2008 年企业社会责任报告》	54	中文	印刷版、电子版	UNGC	—
2010 年	《中国石油化工集团 2009 年企业社会责任报告》	88	中文 英文	印刷版、电子版	GRI3.0 IPIECA/API 《关于中央企业履行社会责任的指导意见》、《CASS-CSR1.0》等	中国企业社会责任报告专家评级委员会
2011 年	《每一滴都是承诺 中国石油化工集团 2010 年企业社会责任报告》	81	中文 英文	印刷版、电子版	GRI3.0 IPIECA/API 《关于中央企业履行社会责任的指导意见》、《CASS-CSR2.0》等	中国企业社会责任报告专家评级委员会
2012 年	《中国石油化工集团 2011 年企业社会责任报告》	83	中文 英文	印刷版、电子版	GRI3.0 IPIECA/API 《关于中央企业履行社会责任的指导意见》、《CASS-CSR2.0》等	中国企业社会责任报告专家评级委员会

发布时间	报告名称	报告页数	报告语言	报告版本	参考标准	第三方评价
2013 年	《中国石油化工集团2012 年企业社会责任报告》	77	中文英文	印刷版、电子版	GRI3.0 IPIECA/API 《关于中央企业履行社会责任的指导意见》、《CASS-CSR2.0》等	中国企业社会责任报告专家评级委员会
2014 年	《中国石油化工集团2013 年企业社会责任报告》	101	中文英文	印刷版、电子版	GRI3.0 IPIECA/API 《关于中央企业履行社会责任的指导意见》、《CASS-CSR3.0》等	中国企业社会责任报告专家评级委员会

2. 报告投入

中国石化企业社会责任报告采用以内部编制为主，相关部门、单位和分子公司社会责任联络人提交材料和审稿，社会责任团队进行资料整理和报告撰写。除了内部人员积极参与编写以外，公司还邀请外部社会责任专家为报告编写提出意见或建议。每年报告编写投入资源如表 8-3 所示。

表 8-3　中国石油化工集团公司社会责任报告投入[①]

报告名称	投入人员	投入时间	搜集素材
《中国石油化工集团公司 2011 年企业社会责任报告》	10	4 个月	46 万字的文字素材及 700 多张照片
《中国石油化工集团公司 2012 年企业社会责任报告》	10	5 个月	45 万字的文字素材及 600 多张照片
《中国石油化工集团公司 2013 年企业社会责任报告》	12	5 个月	50 万字的文字素材及 800 多张照片

（四）报告管理

1. 组织

近年来，中国石化积极探索可持续发展之路，坚持从战略高度认识、部署和推进企业与社会、环境的和谐发展。大力加强和改进社会责任管理，把社会责任管理融入公司战略、企业文化和日常运营，持续提升履责能力，增强价值创造能力，实现优质高效可持续发展，持续提升公司的美誉度和影响力。

---

① 此处所举的报告案例是中国石化最新发布的 3 份企业社会责任报告。

（1）社会责任组织体系。中国石化建立了覆盖集团公司、分子公司的联动社会责任组织体系，在分子公司明确责任部门，明确集团公司各部门、各直属单位社会责任专（兼）职工作人员为社会责任管理工作联络员（见图8-1）。

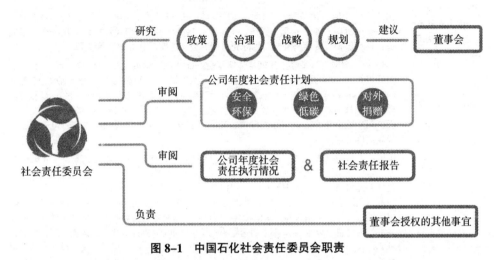

研究　　政策　治理　战略　规划　　建议　　董事会

审阅　　公司年度社会责任计划
安全环保　绿色低碳　对外捐赠

社会责任委员会

审阅　　公司年度社会责任执行情况　&　社会责任报告

负责　　董事会授权的其他事宜

图8-1　中国石化社会责任委员会职责

（2）社会责任制度。2013年，中国石化逐步健全公司社会责任管理体系，成立社会责任管理提升工作组，制定并下发《关于加强和改进企业社会责任管理工作的指导意见》、《企业社会责任工作管理办法》。

（3）社会责任组织队伍。中国石化董事会设立社会责任委员会，成为首家设立社会责任委员会的中央企业。社会责任委员会主要负责研究公司社会责任管理的政策、治理、战略、规划等，向董事会提出建议；审阅公司年度社会责任计划，包括安全环保、绿色低碳、对外捐赠等；审阅公司年度社会责任的执行情况及社会责任报告；以及董事会授权的其他事宜。

2. 参与

中国石化2013年社会责任报告编制历时5个月，主要分为议题识别和报告编制两个阶段。在议题识别方面：对内，通过员工网络问卷调查、社会责任议题征集等收集内部利益相关方关注的议题；对外，通过企业声誉调研、媒体座谈会、社会监督员座谈会、企业开放日等活动收集外部利益相关方关注的议题。综合内外部利益相关方和社会责任研究机构的意见，确定报告的核心议题。

在报告编制方面：报告编制工作小组围绕核心议题制定报告编制方案、起草报告提纲、收集并分析有关材料、编写报告内容并征求意见、修改完善，组织编委会审稿，提交第三方评审机构评级，并提交董事会审议通过。

表 8-4　中国石油化工集团公司利益相关方参与表

方　法	具体措施
国内外利益相关方调研	2013 年，中国石化对国内外 180 例利益相关方进行了访谈调研，覆盖政府、非政府组织、金融机构、业内专家、媒体、员工等。利益相关方高度关注中国石化声誉、新能源、环境保护、沟通与互动、国际化经营、公司透明度和开放度等议题。
媒体记者座谈会	2013 年，中国石化举办了年度媒体座谈会。媒体范围涵盖《人民日报》、新华社、《中国日报》、中央电视台等中央媒体；《21 世纪经济报道》、财新传媒、《经济观察报》等财经媒体；《能源杂志》、《中国能源报》等行业媒体；《北京晚报》、《京华时报》、《新京报》等都市类媒体。中国石化现场征求与会记者建议，并填写调查问卷。与会记者发言积极，对中国石化今后低碳绿色发展，理顺上下游业务网络、责任沟通、公司透明度等议题高度关注。
社会监督员	中国石化设立了社会监督员机制，于 2011 年 5 月首次聘请了高校学者、研究机构专家、媒体精英、意见领袖、证券分析师、消费者代表等 13 名社会各界人士担任中国石化社会监督员，在央企中属首例。2013 年公司社会监督员扩充为 30 位。 中国石化逐步建立了与社会监督员相关的工作机制，包括工作联系机制、例会机制、通报反馈机制等。采用多种形式向社会监督员发送与其履行监督职责有关的文件、信息及各种学习资料。以电话、信函、座谈等形式建立与社会监督员的联系沟通渠道，听取意见、建议和要求。建立了工作例会制度，听取社会监督员的意见和建议。设立专门的信息反馈渠道，公司设有专人受理社会监督员提出的意见、建议及投诉、举报，按照公司内部职责分工转交相关部门处理，并及时向社会监督员反馈办理和落实情况。截至 2013 年，共收到关于企业可持续发展和社会责任问题、生产经营管理工作问题、加油站标识及加油工品牌意识、网络舆情问题以及社会监督员队伍建设等各类建议共 56 条。

3. 界定

（1）议题确定流程。

1）参考专业标准。

2）结合企业实践。

3）听取专家意见。

4）中高层领导访谈。

5）利益相关方访谈。

（2）社会责任核心议题。

中国石化以公司战略、企业管理现状和利益相关方关注焦点为基础，依据国内外社会责任报告主流编制依据（GRI G4、《CASS-CSR3.0》）以及 IPIECA、API 联合发布的《石油和天然气行业自愿发布可持续报告指南》、社会舆论及行业焦点，通过深度访谈、问卷调研、反向路演、社会监督员座谈、企业开放日等活动，从内外部收集和梳理出中国石化可持续发展议题库。中国石化建立议题筛选矩阵，对议题进一步识别排序，确定公司核心可持续发展议题（见图 8-2）。中国石化就可持续发展议题同时进行多次定期、及时的内外部沟通，为报告编写奠定基础。

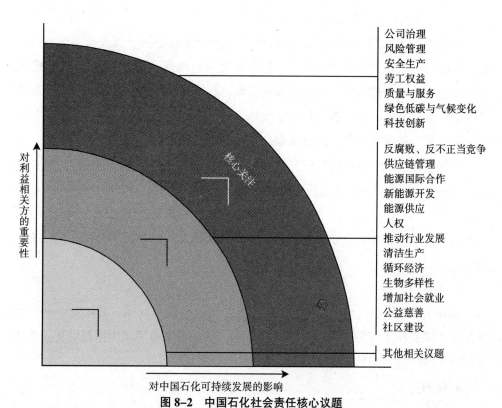

对利益相关方的重要性

核心关注

对中国石化可持续发展的影响

公司治理
风险管理
安全生产
劳工权益
质量与服务
绿色低碳与气候变化
科技创新

反腐败、反不正当竞争
供应链管理
能源国际合作
新能源开发
能源供应
人权
推动行业发展
清洁生产
循环经济
生物多样性
增加社会就业
公益慈善
社区建设

其他相关议题

图 8-2 中国石化社会责任核心议题

4. 启动

中国石化通过建立报告编写组，下发报告编写通知，召开报告编制启动会，组织报告编制培训。2013 年 12 月，中国石化启动 2013 年社会责任报告编制工作，成立由 12 人组成的报告编制小组，并制定《公司 2013 年社会责任报告编制工作计划》，下发《关于提交 2013 年社会责任报告材料的通知》，循序渐进推进资料收集、参与编制人员进场、报告第一稿、专家评审会、利益相关方意见征求会、集团社会责任委员会最终审议、报告定稿、报告印刷、报告发布，时间跨度从 2013 年 12 月到 2014 年 4 月。

5. 编写

中国石化通过以下方法收集报告编写素材：

（1）制定并下发部门资料收集清单。

（2）对高层管理者、利益相关方进行访谈。

（3）对下属企业进行调研。

（4）对企业存量资料进行案头分析。

中国石化通过对各利益相关方的调研和座谈来确定报告需要披露的核心议题，以回应利益相关方关切的问题，包括员工问卷调查、媒体座谈会、社会监督员座谈会、企业开放日等。在报告编制方面，报告编制工作小组围绕核心议题制定了报告编制方案、起草报告提纲、收集并分析有关材料、编写报告内容并征求相关方意见、修改完善等，最终董事会审议通过。

中国石化 2013 年社会责任报告内容包括"公司治理"、"责任管理"、"清洁能源"、"安全生产"、"生态文明"、"关爱员工"、"伙伴责任"、"海外社会责任报告"、"社会责任大事记"、"社会评价"等方面的内容，用图文并茂的形式全面阐述了中国石化在履行企业社会责任方面的重要举措和情况，并披露了公司相关的业绩指标。

6. 发布

2014 年 6 月 6 日，中国石化在广东湛江举办"共享光明，爱心加油——健康快车中国石化湛江站光明行"活动，并在活动现场发布了《中国石油化工集团公司 2013 年社会责任报告》。

7. 使用

公司在报告发布后对报告编制工作开展了分析和总结，为下一年持续提升报告质量打下了基础。2013 年企业社会责任报告在 2012 年五星级报告的编制基础上，充分借鉴全球先进企业社会责任报告，结合中国石化自身的特点，把社会责任管理理念融入报告编制，从形式、结构、内容三方面进行创新和改进，进一步提升了报告整体质量。另外，中国石化利用多样化形式和渠道呈现社会责任报告，如在公司内部大型活动以及对外交流中推送社会责任报告，以达到与利益相关方的沟通目的。

（五）评级报告

《中国石油化工集团 2013 年社会责任报告》评级报告

中国社会科学院经济学部企业社会责任研究中心（以下简称"中心"）受中国石油化工集团公司委托，从"中国企业社会责任报告评级专家委员会"中抽选专家组成评级小组，对《中国石油化工集团公司 2013 年社会责任报告》（以下简称《报告》）进行评级。

一、评级依据

《中国企业社会责任报告编写指南（CASS-CSR3.0)》暨《中国企业社会责任报告评级标准（2014)》。

二、评级过程

1. 过程性评估小组访谈中国石油化工集团公司社会责任负责部门；

2. 过程性评估小组现场审查覆盖中国石油化工集团公司和下属单位的社会责任报告编写过程相关资料；

3. 评级小组对企业社会责任报告的管理过程进行评价；

4. 评级小组对《报告》的披露内容进行评价。

三、评级结论

过程性（★★★★☆）

企业思想政治工作部牵头成立报告编写组，高层领导参与启动及审议；编写组对利益相关方进行识别，并对部分利益相关方进行意见调查，根据调查结果及公司重大事项、国家相关政策、行业对标等对实质议题进行界定；拟定报告发布方案，并将以印刷品及简版、电子版和多语种等形式呈现报告，具有领先的过程性表现。

实质性（★★★★★）

《报告》系统披露了"保障能源供应"、"职业健康管理"、"产品服务质量管理"、"安全生产管理与应急"、"产品运输安全保障"、"开发新能源"、"循环经济"、"生产作业区生态保护与修复"等石油与天然气开采与加工业关键性议题，叙述详细充分，具有卓越的实质性。

完整性（★★★★★）

《报告》从"责任管理"、"清洁能源"、"安全生产"、"生态文明"、"关爱员工"、"和谐社会"、"海外社会责任"等方面披露了石油与天然气开采与加工业核心指标的 88.5%，完整性表现领先。

平衡性（★★★★★）

《报告》披露了"新增职业病病例数"、"安全生产事故数、死亡人数"等负面数据信息，并对"11·22 东黄输油管道泄漏爆炸特别重大事故"的原因及应对措施进行专题报道，平衡性表现卓越。

可比性（★★★★★）

《报告》披露了 34 个关键绩效指标连续 3 年的历史数据，并就加油站总数、成品油生产量等指标在国内、全球行业内进行对比，可比性表现卓越。

可读性（★★★★★）

《报告》框架清晰，篇幅适宜，语言流畅，案例和专题结合得当；图片、图表、流程图等表达方式丰富，设计风格清新，并对专业词汇进行详细解释；社会责任报告简版和微博推送等传播方式，便于相关方获取和阅读，具有卓越的可读性。

创新性（★★★★☆）

《报告》以社会责任大事记开篇，突出企业年度责任重点；并对海外社会责任进行专题报道，有利于相关方全面了解企业社会责任实践，创新性表现领先。

综合评级（★★★★★）

经评级小组评价，《中国石油化工集团公司 2013 年社会责任报告》为五星级，是一份卓越的企业社会责任报告。

四、改进建议

进一步完善报告编写流程，提高内外部利益相关方的参与度。

评级小组：

组长：中国社科院经济学部企业社会责任研究中心主任　钟宏武

成员：中国企业联合会企业创新工作部主任　程多生

　　　北方工业大学经济管理学院副教授　魏秀丽

过程性评估小组：中心常务副主任　孙孝文

　　　　　　　　中心评价部　翟利峰　王梦娟

评级专家委员会主席 　　　　　　评级小组组长

中心常务副理事长 　　　　　　　中心主任

二、LG 化学（中国）投资有限公司社会责任报告管理

（一）公司简介

LG 化学力求依托高品质的石油化学原料、尖端的信息电子材料和电池领域的先进技术帮助顾客取得成功，践行全球解决方案合作伙伴的角色。从 1947 年乐喜化学工业公司成立开始，截至目前，LG 化学将事业发展到了全球 16 个国家和地区（韩国、中国大陆、中国香港地区、中国台湾地区、印度、越南、泰国、印度尼西亚、新加坡、日本、美国、巴西、德国、波兰、土耳其、俄罗斯），现已发展成为一家全球性的化学企业。LG 化学的总部设在韩国，在韩国拥有 9 家工厂、1 家技术研究院，在其他国家和地区拥有 16 家生产法人、8 家销售法人、5 家分社及 2 家研究法人。

LG 化学自 1995 年在中国投资建厂以来，先后在北京、天津、宁波、南京、广州、台湾等地建立 10 家生产法人。另外，在上海、广州、青岛、烟台、宁波、深圳、重庆设立 7 家分公司，在合肥、厦门设立 2 家联络处，同时成立香港销售法人，本土化战略得到充分落实。2013 年，LG 化学中国市场共实现销售额约 82 亿美元。

LG 化学为实现中国地区事业的快速增长，于 2004 年设立地区总部，即"LG 化学（中国）投资有限公司"，在全公司范围内支援中国事业战略制定，向各地区生产法人和子公司的运营提供业务支援。LG 化学中国法人在加强现有事

业竞争力的同时谋求新事业的增长，通过彻底地贯彻本地化战略，努力发展成为与中国共同发展的、引领中国市场发展的模范企业。

（二）履责历程

表 8-5　LG 化学（中国）履责历程

年份	履责实践
2010 年	2010 年，LG 化学在中国确定了社会贡献活动的两大方向，分别为青少年关爱和社会福利。以"梦想与希望同在"为口号，开展社会贡献活动
	LG 化学捐赠"北京市顺义区龙湾屯敬老院地暖项目"竣工
	LG 化学向玉树地震灾区捐款
	LG 化学（甬兴）捐资红十字会成立"博爱天使基金"
	LG 化学"爱心卫生间"在河北省沧州市东光县铁西小学竣工
	LG 化学天津区域法人捐资助残
2011 年	2011 年，LG 化学进一步确定了在中国 CSR 的方向，即帮助青少年健康成长，关爱下一代，着眼未来，成为有社会责任感、值得信赖的合作伙伴
	LG 化学志愿者为北京市红丹丹盲人文化交流中心录制有声教材
	LG 化学（甬兴）荣获第三届"浙江慈善奖"机构奖
	LG 化学捐赠天津市罗庄子镇翟庄小学饮水工程竣工
	LG 化学（南京）爱心助学燕子矶小学
2012 年	2012 年，LG 化学继续开展一系列社会贡献活动，致力于青少年关爱和帮助弱势群体；并将"青少年关爱、社会福利和地区社会贡献"确立为三大重要方向
	LG 化学"爱心卫生间"在河北省平泉县七沟镇西崖门子中心小学竣工
	LG 化学（甬兴）举办"金婚老人婚纱摄影"活动
	"魅力化学"课堂走进社区
	天津 SOS 儿童村爱心捐赠
2013 年	LG 化学"爱心卫生间"在安徽省舒城县千人桥鲍桥小学竣工
	LG 化学向四川雅安地震灾区捐款
	LG 化学（中国）发布首份社会责任报告，并获得社科院社责中心四星半评级，是一份优秀的企业社会责任报告
	"魅力化学"课堂走进校园
	LG 化学"爱心卫生间"在河北省故城县古城镇镇中心小学竣工
	LG 化学在"美境中国 2013 绿色盛典"荣获"2013 最佳企业公众形象奖"
	LG 化学"爱心卫生间"在河北省万全县郭磊庄何家屯小学竣工
2014 年	LG 化学（南京）参与低碳环保骑行
	LG 化学（中国）发布第二份社会责任报告，并获得社科院社责中心四星半评级，是一份优秀的企业社会责任报告
	LG 化学向云南鲁甸地震灾区捐款
	LG 化学"爱心卫生间"在山东省德州市夏津县雷集镇双庙小学竣工

年份	履责实践
2014 年	LG 化学"爱心卫生间"在重庆市江津区四面小学竣工
	LG 化学"爱心卫生间"在《公益时报》主办的"2014 第四届中国企业社会责任颁奖典礼"上，荣获"2014 中国企业社会责任项目优秀奖"
2015 年	2015 年，LG 化学重新确立了在中国地区社会贡献活动方向：青少年关爱、地区贡献和绿色环保
	LG 化学荣获第四届中国公益节"年度最佳责任品牌奖"
	LG 化学资助 2015 年第八届"爱在蓝天下"自闭症儿童画展
	参与《中国企业社会责任报告编写指南 3.0 之石油化工业指南》编制，引领行业发展

（三）责任报告

1. 报告概览

企业社会责任报告是企业就社会责任议题与利益相关方进行沟通的重要平台。LG 化学坚持"Sustainable Chemistry for Human and Environment"可持续经营目标，不断努力成为"以人为本"及"与环境协调发展"的化学企业。LG 化学（中国）积极践行可持续发展目标，并坚持在与利益相关方沟通实践中共同发展，实现可持续经营，打造成为与社会同呼吸的有责任感的企业。以这样的社会责任作为开篇，2013 年 7 月，LG 化学（中国）制作并发布了首份《LG 化学（中国）2012 社会责任报告》，在向政府、顾客、员工、同业者、合作伙伴、社区等利益相关方披露 LG 化学在华 CSR 履行情况的同时，也将分析成果反馈给公司管理和在华企业总经理，希望可以作为一份强化内部管理，进行针对性的监控、改进的系统数据材料。2014 年 7 月，LG 化学（中国）发布了第二份《LG 化学（中国）2013 社会责任报告》。利用每年度发行的企业社会责任报告书，将 LG 化学企业社会责任方面的成果向社会做积极的展示，并在公司主页刊登电子版，为各相关机构背对背评价方式提供便利。同时，积极联络企业社会责任专家进行评价沟通，主动提交报告成果，参与外部评价，以推动 LG 化学的品牌建设，如表 8-6 所示。

2. 报告投入

LG 化学（中国）企业社会责任报告采用内外部相结合的方式编制报告，并邀请外部社会责任专家为报告编写提出意见建议。每年报告编写投入资源如表 8-7 所示。

表 8-6 LG 化学（中国）社会责任报告发布情况

发布时间	报告名称	报告页数	报告语言	报告版本	参考标准	第三方评价
2013 年	LG 化学（中国）2012 社会责任报告	57	中文	印刷版、电子版	《CASS-CSR2.0》GRI3	中国企业社会责任报告专家评级委员会
2014 年	LG 化学（中国）2013 社会责任报告	67	中文	印刷版、电子版	《CASS-CSR3.0》ISO26000 GRI4	中国企业社会责任报告专家评级委员会

表 8-7 LG 化学（中国）企业社会责任报告投入

报告名称	投入人员	投入时间	搜集素材
LG 化学（中国）2012 社会责任报告	4	5 个月	30 多万字的素材及照片
LG 化学（中国）2013 社会责任报告	4	5 个月	30 多万字的素材及照片

（四）报告管理

1. 组织

（1）社会责任组织体系。

良好的组织体系是报告质量的保障。为有效地推进公司可持续发展和社会责任工作，LG 化学集团成立了 CSR 团队，由 CSR Team 统一管理（见图 8-3）。LG 化学（中国）投资有限公司总务/涉外 Part 负责社会责任工作的统筹、协调和日常管理，包括制定社会责任规划和年度发展计划、开展社会责任研究、培训和交

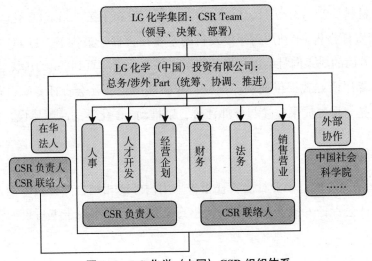

图 8-3 LG 化学（中国）CSR 组织体系

流，编制和发布公司年度社会责任报告等。

（2）社会责任组织队伍。

LG 化学（中国）设置了专职社会责任团队来管理和推进公司的企业社会责任工作。LG 化学在华法人设置了 CSR 专任/兼任的责任者与联络窗口。以保证企业社会责任在 LG 化学（中国）可以畅通、直接地进行推进和管理。同时，加强团队人员的素质建设也是很重要的工作，LG 化学（中国）定期开展 CSR Workshop 等活动，为公司社会责任管理工作奠定坚实的基础。积极参加行业内外、中国社会科学院等机构组织的 CSR 培训及交流活动，提升公司员工的 CSR 意识和能力。

2. 参与

LG 化学（中国）把加强与利益相关方的沟通作为履行社会责任、实现可持续发展的重要途径，不断建立社会责任沟通机制，主动发现并积极回应利益相关的期望。

积极参加政府、行业协会和科研院所举办的企业社会责任会议、论坛和活动。公司内部定期开展 CSR Workshop 等活动，讨论公司 CSR 战略与方向。通过发布社会责任报告、社会责任专刊等，增强同利益相关方间的沟通，如表 8-8 所示。

表 8-8 参与方式

利益相关方	描 述	对公司的期望	沟通渠道和方式
客户	已购买或潜在购买公司产品和服务的所有用户	● 提供高品质产品 ● 确保产品安全 ● 提供优质服务	● 客户满意度调查 ● 客户关系管理 ● 客户座谈与走访 ● 应对客户投诉
政府	中国政府和业务所在地政府	● 贯彻宏观政策 ● 诚信守法经营 ● 依法纳税 ● 带动就业 ● 防范经营风险	● 参与政策、规划调研与制定 ● 专题汇报 ● 接受监督考核
员工	公司组织机构中的全部成员	● 员工权益保障 ● 员工职业发展 ● 员工关爱	● 职工代表大会 ● 各级工会组织 ● 员工参与企业管理渠道 ● 意见和合理化建议征集
同业者	石油化工业企业	● 经验共享 ● 技术交流 ● 竞争合作	● 参加行业会议 ● 日常联络

续表

利益相关方	描　述	对公司的期望	沟通渠道和方式
合作伙伴	供应商、承包商	● 遵守商业道德 ● 公开、公平、公正采购 ● 互利共赢、共同发展	● 公开采购信息 ● 谈判与交流
社区	企业业务、运营所在地	● 社区公共事业发展 ● 增加社会就业	● 社区座谈与交流 ● 社区公益活动 ● 社区共建活动
环境	企业业务、运营所在地及整个地球的自然环境	● 遵守环保法律法规 ● 环境保护 ● 节能降耗	● 环境管理战略与组织体系 ● 环保培训 ● 推进节能减排 ● 研发绿色产品 ● 应对气候变化 ● 绿色办公
社会组织	行业协会、科研院所、国际国内民间组织、地方团体等	● 保持密切联系，保持信息共享 ● 积极参与、支持社会团体组织的各项活动	● 参与政府、行业协会、科研院所的会议、论坛和活动

3. 界定

（1）议题确定流程。

1）参考专业标准；

2）结合总部政策和中国实践；

3）听取专家意见；

4）中高层领导访谈；

5）利益相关方访谈。

（2）社会责任核心议题。

LG 化学（中国）紧跟全球报告倡议组织《可持续发展报告编写指南（G4）》、《中国企业社会责任报告编写指南（CASS-CSR3.0）》等国内外标准倡议，结合企业自身实践和利益相关方普遍要求，确定社会责任核心议题清单，并从"对企业可持续发展的影响"和"对利益相关方的重要性"两个维度对社会责任议题进行分析，确定实质性议题，明确社会责任工作的重点与报告内容的边界。

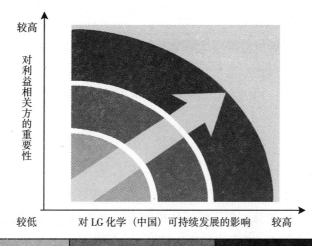

较高

对利益相关方的重要性

较低 对 LG 化学（中国）可持续发展的影响 较高

其他相关议题	1. 风险管理 2. 客户隐私与信息安全 3. 科技创新 4. 劳工权益保护 5. 职业发展 6. 绿色产品研发 7. 危险化学品管理 8. 水资源管理 9. 循环经济 10. 带动社会环保	1. 公司治理 2. 正道经营与公平竞争 3. 产品质量与服务 4. 职业健康与安全 5. 安全生产 6. 供应链管理 7. 节能减排与应对气候变化 8. 社会贡献

图 8-4 LG 化学（中国）CSR 核心议题

4. 启动

（1）组织准备。

《LG 化学（中国）2013 社会责任报告》编制工作于 2014 年 3 月正式启动，总务/涉外 Part 牵头成立报告编写小组，LG 化学（中国）投资有限公司总经理任小组最高领导，LG 化学（中国）投资有限公司各部门负责人和在华法人 CSR 负责人填报数据，并邀请中国社会科学院企业社会责任研究中心专家参与报告编写，成立联合项目组，共同推进 CSR 报告编制工作。

（2）计划推进。

LG 化学（中国）CSR 报告书严格按照报告编写推进计划执行。2014 年 3 月，召开报告编制启动会，中国地区各法人 CSR 负责人参加会议。组织报告编制培训，邀请中国社会科学院企业社会责任研究中心 CSR 专家讲解国内社会责任管理现状、社会责任报告发展趋势，确定报告编制目标。培训会上，向 LG 化学各相关方人员宣讲《LG 化学（中国）2013 社会责任报告》框架、报告编制流程及时间推进计划，根据报告资料清单循序渐进推进资料收集。

5. 编写

《LG 化学（中国）2013 社会责任报告》从正式启动到编写发布，一共经历了 5 个月的时间。

（1）前期准备。

1）开展内部利益相关方访谈与调研。《LG 化学（中国）2013 社会责任报告》将利益相关方访谈作为整体报告编写的第一步。2014 年，项目组分别与人事、人才开发、经营企划等部门担当开展访谈，实地调研 LG 化学南京法人和天津法人，就 LG 化学（中国）社会责任履行的期待和评价进行了采访，以披露针对性成果。

2）形成报告书基本框架。根据利益相关方访谈与调研结果，并结合 LG 化学（中国）的年度战略和发展要求，形成报告书的基本框架。

《LG 化学（中国）2013 社会责任报告》以"与顾客共同成长的 Solution Partner"、"在能源管理方面提高竞争力"、"为培养人才付出全方位努力"、"确保员工职业安全健康"和"用丰富多彩的活动推进关爱行动"五大部分搭建报告框架，体现企业在核心议题管理、行动方面的履责信息。

（2）报告编写。

1）资料收集。在确定了报告书的主题、框架之后，LG 化学（中国）项目组制作资料收集清单，面向所有 LG 化学（中国）重点部门、在华法人等进行相关资料的收集。

A. 总部各职能部门横向资料收集。LG 化学（中国）投资有限公司作为地区总部，根据人事、人才开发、经营企划、财务、法务等部门职能划分，制定相应的社会责任定性和定量资料清单。

B. 面向 LG 化学在华法人进行材料收集，贯穿于日常工作的阶段性资料收集和年终资料统计。通过各法人 CSR 负责人对所在公司业务范围以外的资料进行阶段性收集，由公司总务/涉外 Part 进行最终案例的汇总。

C. 重点案例征集和整理。根据前期访谈得出的重点和特色案例，制定资料清单，进行针对性的收集。

2）报告撰写。基于访谈、调研、报告框架和收集材料，进行报告内容撰写。

3）评级与总结。2014 年 6 月，LG 化学（中国）投资有限公司就《LG 化学（中国）2013 社会责任报告》进行公司高层领导、部门领导、在华法人代表审核，提出修订意见。通过反馈意见，对报告书进行修订之后，将报告书提交中国企业社会责任报告评级专家委员会，《LG 化学（中国）2013 社会责任报告》最终获得四星半级的优秀评价。

LG 化学（中国）在发布报告后及时进行报告编制的总结活动，将评级结果及成绩及时向 LG 化学总部反馈，总部对 LG 化学（中国）为在华企业形象提升做出的贡献予以肯定和表彰。报告最终的评价结果将反馈给公司经营层干部和在华企业相关负责人。

6. 发布

截至目前，LG 化学（中国）已经连续两年发布企业社会责任报告，先后采取印刷版、网络版、二维码的发布形式。每年的报告发布，均在公司网站可持续经营专栏下可持续经营报告书中通过电子版呈现，用最直接和方便的阅读方式将报告呈献给利益相关方。

7. 使用

社会责任报告是综合展现企业社会责任履行情况的载体，也是公司评估年度可持续发展绩效、收集利益相关方反馈意见，进而针对性提升企业管理水平的重要管理工具。LG 化学（中国）鼓励在与利益相关方进行沟通时积极使用社会责任报告。通过 CSR 报告，不仅可以有效梳理企业自身的管理实效，从更高的层次上帮助组织传递企业在经济、环境和社会方面遇到的机遇和挑战，更有助于加强公司与外部利益相关方（顾客、供应商、社区等）间的沟通，建立信任。此外，CSR 报告还可以塑造企业声誉，打造 LG 化学在华负责任的品牌形象。

（五）评级报告

《LG 化学（中国）2013 社会责任报告》评级报告

中国社会科学院经济学部企业社会责任研究中心（以下简称"中心"）受 LG 化学（中国）投资有限公司委托，从"中国企业社会责任报告评级专家委员会"中抽选专家组成评级小组，对《LG 化学（中国）2013 社会责任报告》（以下简称《报告》）进行评级。

一、评级依据

《中国企业社会责任报告编写指南（CASS-CSR3.0)》暨《中国企业社会责任报告评级标准（2014)》。

二、评级过程

1. 过程性评估小组访谈 LG 化学（中国）投资有限公司社会责任部门成员；

2. 过程性评估小组现场审查 LG 化学（中国）及下属单位社会责任报告编写过程相关资料；

3. 评级小组对企业社会责任报告的管理过程及《报告》的披露内容进行评价。

三、评级结论

过程性（★★★★☆）

总务/涉外 Part 牵头成立报告编写小组，高层领导参与报告编写启动、推进及最终审定；编写组对利益相关方进行识别与排序，并以咨询、座谈、告知等方式对相关方意见进行调查，根据调查结果、公司重大事项及国家相关政策对实质议题进行界定；计划在公司内部活动中发布报告，并将以印刷品、电子版等形式呈现报告，具有领先的过程性表现。

实质性（★★★★☆）

《报告》系统披露了"产品服务创新"、"职业健康管理"、"安全生产"、"环境事故应急管理机制"、"危险化学品管理"、"发展循环经济"等工业化学品制造业关键性议题，具有领先的实质性表现。

完整性（★★★☆）

《报告》从"责任管理"、"能源管理"、"人才培养"、"职业安全健康"、"社会关爱"等角度披露了工业化学品制造业 60% 的核心指标，完整性表现良好。

平衡性（★★★☆）

《报告》披露了"工伤率"、"水污染排放量"、"有害化学物质"等负面数据信息，平衡性表现良好。

可比性（★★★★★）

《报告》披露了"经济"、"环境"、"能源"、"社会"等方面 61 个关键绩效指标连续 3 年以上的历史数据，可比性表现卓越。

可读性（★★★★☆）

《报告》结构清晰，逻辑清楚，语言简洁流畅；排版精美，设计新颖，图片、表格、流程图等表达方式多样，与文字叙述浑然一体，各篇章色调含义与主体内容相呼应，提高了报告的悦读性，具有领先的可读性表现。

创新性（★★★★）

《报告》在篇尾"2013年关键绩效表"中，加入企业在相应板块的政策或措施，使绩效数据表现更加丰满；在设计风格上，以活泼的化学标示串联各章节，形式新颖，具有优秀的创新性表现。

综合评级（★★★★☆）

经评级小组评价，《LG化学（中国）2013社会责任报告》为四星半级，是一份领先的企业社会责任报告。

四、改进建议

1. 增加行业核心指标的披露，提高报告的完整性。

2. 增加负面数据信息以及负面事件的披露，提升报告平衡性。

评级小组：

组长：中国社会科学院经济学部企业社会责任研究中心主任　钟宏武

成员：中山大学岭南学院教授　陈宏辉

　　　《中国企业观察报》编辑　侯明辉

　　　中心过程性评估员　方小静　王梦娟

评级专家委员会副主席　　　　　　　评级小组组长

中心常务副理事长　　　　　　　　　中心主任

附　录

一、 主编机构：中国社会科学院经济学部企业社会责任研究中心

中国社会科学院经济学部企业社会责任研究中心（以下简称"中心"）成立于2008年2月，是中国社会科学院主管的非营利性学术研究机构。中国社会科学院副院长、经济学部主任李扬研究员任中心理事长，中国社会科学院工业经济研究所所长黄群慧研究员任中心常务副理事长，中国社会科学院社会发展战略研究院钟宏武副研究员任主任。中国社会科学院、国务院国有资产监督管理委员会、人力资源和社会保障部、中国企业联合会、人民大学、国内外大型企业的数十位专家、学者担任中心理事。

中心以"中国特色、世界一流社会责任智库"为目标，积极践行研究者、推进者和观察者的责任：

（1）研究者：中国企业社会责任问题的系统理论研究，研发颁布《中国企业社会责任报告编写指南 （CASS–CSR1.0/2.0/3.0)》，组织出版《中国企业社会责任》文库，促进中国特色的企业社会责任理论体系的形成和发展。

（2）推进者：为政府部门、社会团体和企业等各类组织提供咨询和建议；成立"中国企业社会责任研究基地"；主办"分享责任——中国企业社会责任公益讲堂"；主办"分享责任——中国行"社会责任调研活动；开设中国社科院研究生院MBA《企业社会责任》必修课，开展数百次社会责任培训，传播社会责任理论知识与实践经验；组织、参加各种企业社会责任研讨交流活动，分享企业社会

责任研究成果。

（3）观察者：出版《企业社会责任蓝皮书（2009/2010/2011/2012/2013/2014）》，跟踪记录上一年度中国企业社会责任理论和实践的最新进展；出版《企业公益蓝皮书（2014）》，研究记录我国企业公益实践的发展；每年发布《中国企业社会责任报告白皮书（2011/2012/2013/2014）》，研究记录我国企业社会责任报告发展的阶段性特征；制定、发布、推动《中国企业社会责任报告评级》，为 150 余份社会责任报告提供评级服务；主办"责任云"（www.zerenyun.com）平台以及相关技术应用。

中国社科院经济学部企业社会责任研究中心

2015 年 6 月

电话：010-59001552

传真：010-59009243

网站：www.cass-csr.org

微博：http：//weibo.com/casscsr

中心官方微信号：中国社科院 CSR 中心

微信公众账号：CSRCloud（责任云）

E-mail：csr@cass-csr.org

地址：北京市朝阳区东三环中路 39 号建外 soho 写字楼 A 座 605 室（100022）

关注中心微信平台　关注中国企业社会责任研究最新进展

中国社科院 CSR 中心

责任云 CSRCloud

研究业绩

课题：

1. 国务院国资委：《海外中资企业社会责任研究》，2014~2015 年。

2. 工信部：《"十二五"工业信息企业社会责任评估》，2014~2015 年。

3. 国家食药监局：《食品药品安全事件沟通机制研究》，2014~2015 年。

4. 中国保监会：《中国保险业社会责任白皮书》，2014~2015 年。

5. 国土资源部：《矿山企业社会责任评价指标体系研究》，2014 年。

6. 国务院国资委：《中央企业社会责任优秀案例研究》，2014 年。

7. 全国工商联：《中国民营企业社会责任研究报告》，2014 年。

8. 陕西省政府：《陕西省企业社会责任研究报告》，2014 年。

9. 国土资源部：《矿业企业社会责任报告制度研究》，2013 年。

10. 国务院国资委：《中央企业社会责任优秀案例研究》，2013 年。

11. 中国扶贫基金会：《中资海外企业社会责任研究》，2012~2013 年。

12. 北京市国资委：《北京市属国有企业社会责任研究》，2012 年 5~12 月。

13. 国资委研究局、中国社科院经济学部企业社会责任研究中心：《企业社会责任推进机制研究》，2010 年 1~12 月。

14. 国家科技支撑计划课题：《社会责任国际标准风险控制及企业社会责任评价技术研究之子任务》，2010 年 1~12 月。

15. 深交所、中国社科院经济学部企业社会责任研究中心：《上市公司社会责任信息披露》，2009 年 3~12 月。

16. 中国工业经济联合会、中国社科院经济学部企业社会责任研究中心：工信部制定《推进企业社会责任建设指导意见》前期研究成果，2009 年 10~12 月。

17. 中国社科院交办课题：《灾后重建与企业社会责任》，2008 年 8 月~2009 年 8 月。

18. 中国社会科学院课题：《海外中资企业社会责任研究》，2007 年 6 月~2008 年 6 月。

19. 国资委课题：《中央企业社会责任理论研究》，2007 年 4~8 月。

专著：

20. 钟宏武、汪杰、顾一：《企业公益蓝皮书（2014）》，经济管理出版社 2015

年版。

21. 黄群慧、彭华岗、钟宏武、张蒽：《企业社会责任蓝皮书（2014）》，社科文献出版社 2014 年版。

22. 钟宏武、魏紫川、张蒽、翟利峰等：《中国企业社会责任报告白皮书（2014）》，经济管理出版社 2014 年版。

23. 张宓、咸东垠、许妍、路浩玉：《中国企业社会责任报告编写指南（CASS-CSR3.0）之钢铁业指南》，经济管理出版社 2015 年版。

24. 汪杰、赵建淑、徐晓宇、路浩玉、张宓：《中国企业社会责任报告编写指南（CASS-CSR3.0）之仓储业》，经济管理出版社 2015 年版。

25. 孙孝文、张闽湘、王爱强、解一路：《中国企业社会责任报告编写指南（CASS-CSR3.0）之家电制造业》，经济管理出版社 2014 年版。

26. 孙孝文、吴扬、王娅郦、王宁：《中国企业社会责任报告编写指南（CASS-CSR3.0）之建筑业》，经济管理出版社 2014 年版。

27. 孙孝文、文雪莲、周亚楠、张伟：《中国企业社会责任报告编写指南（CASS-CSR3.0）之电信服务业》，经济管理出版社 2014 年版。

28. 孙孝文、汪波、刘鸿玉、王娅郦、叶云：《中国企业社会责任报告编写指南（CASS-CSR3.0）之汽车制造业》，经济管理出版社 2014 年版。

29. 孙孝文、陈龙、王彬、彭雪：《中国企业社会责任报告编写指南（CASS-CSR3.0）之煤炭采选业》，经济管理出版社 2014 年版。

30. 彭华岗、钟宏武、孙孝文、张蒽：《中国企业社会责任报告编写指南（CASS-CSR3.0）之一般框架》，经济管理出版社 2014 年版。

31. 孙孝文、李晓峰、张蒽、朱念锐：《中国企业社会责任报告编写指南（CASS-CSR3.0）之一般采矿业》，经济管理出版社 2014 年版。

32. 张蒽、钟宏武、魏秀丽、陈力等：《中国企业社会责任案例》，经济管理出版社 2014 年版。

33. 钟宏武、张蒽、魏秀丽：《中国国际社会责任与中资企业角色》，社会科学出版社 2013 年版。

34. 彭华岗、钟宏武、张蒽、孙孝文等：《企业社会责任基础教材》，经济管理出版社 2013 年版。

35. 姜天波、钟宏武、张蒽、许英杰：《中国可持续消费研究报告》，经济管理出版社 2013 年版。

36. 陈佳贵、黄群慧、彭华岗、钟宏武：《企业社会责任蓝皮书（2012）》，社科文献出版社 2012 年版。

37. 钟宏武、魏紫川、张蒽、孙孝文等：《中国企业社会责任报告白皮书（2012）》，经济管理出版社 2012 年版。

38. 陈佳贵、黄群慧、彭华岗、钟宏武：《企业社会责任蓝皮书（2011）》，社科文献出版社 2011 年版。

39. 彭华岗、钟宏武、张蒽、孙孝文：《中国企业社会责任报告编写指南（CASS-CSR2.0)》，经济管理出版社 2011 年版。

40. 钟宏武、张蒽、翟利峰：《中国企业社会责任报告白皮书（2011）》，经济管理出版社 2011 年版。

41. 彭华岗、楚旭平、钟宏武、张蒽：《企业社会责任管理体系研究》，经济管理出版社 2011 年版。

42. 彭华岗、钟宏武：《分享责任——中国社会科学院研究生院 MBA "企业社会责任" 必修课讲义集（2010）》，经济管理出版社 2011 年版。

43. 陈佳贵、黄群慧、彭华岗、钟宏武：《企业社会责任蓝皮书（2010）》，社科文献出版社 2010 年版。

44. 钟宏武、张唐槟、田瑾、李玉华：《政府与企业社会责任》，经济管理出版社 2010 年版。

45. 陈佳贵、黄群慧、彭华岗、钟宏武：《企业社会责任蓝皮书（2009）》，社科文献出版社 2009 年版。

46. 钟宏武、孙孝文、张蒽：《中国企业社会责任报告编写指南（CASS-CSR1.0)》，经济管理出版社 2009 年版。

47. 钟宏武、张蒽、张唐槟、孙孝文：《中国企业社会责任发展指数报告（2009）》，经济管理出版社 2009 年版。

48. 钟宏武：《慈善捐赠与企业绩效》，经济管理出版社 2007 年版。

二、支持机构

（一）中国石油化工集团公司

中国石油化工集团公司（Sinopec Group）是 1998 年 7 月国家在原中国石油化工总公司基础上重组成立的特大型石油石化企业集团，是国家独资设立的国有公司、国家授权投资的机构和国家控股公司。公司注册资本 2316 亿元，董事长为法定代表人，总部设在北京。中国石油化工集团公司致力于"建设人民满意、世界一流能源化工公司"，业务包括油气勘探开发、石油炼制和油品销售、化工产品生产和销售、石油和炼化工程服务、国际贸易、科技研发等。2013 年，中国石化实现营业收入 29451 亿元，生产原油 7659 万吨，天然气 259 亿立方米，加工原油 23370 万吨，向社会提供成品油 18000 万吨，化工产品经营量 5823 万吨。

中国石化为百姓衣、食、住、行、用提供基础原料和能源动力保障，提升大众生活水平，推动经济发展；通过 30 万多个加油站，使人们的出行更加高效和便捷；不断研发，提高油品质量和标准，使人们在享受现代生活的同时，拥有洁净和宜居的环境；生产高品质特种油品，为航空、航天和商用车辆提供更高效节能的能源动力。

中国石化以负责任的态度，通过投资、贸易和工程服务，融入和促进全球 70 个国家和地区的经济及社会的发展和进步。作为国际性公司，中国石化秉持对优秀企业公民最佳实践标准的承诺，注重与投资和贸易伙伴国互利互惠、共同发展，力求与当地社会共同发展，并为推动世界能源行业进步做出贡献。

中国石化意识到，世界化石能源的总量是有限的。除大力开发新能源外，努力让"能源环境成本"理念深入人心，把有限的资源最大限度地惠及每一个人。社会责任永远是企业的核心竞争力，离开了各利益相关方，企业则无从生存和发展。中国石化注重与合作伙伴的深度合作，共同追求生产过程清洁和终端产品清洁。一直以来，中国石化不断致力于在自身发展和环境保护之间谋求平衡。2011年，中国石化把绿色低碳战略提升为集团未来发展战略之一。作为全球契约中国网络的轮值主席单位，秉承"1+3"，即一家公司至少带动三家合作伙伴的原则，中国石化努力推动与自身业务联系密切的上下游合作企业加入联合国全球契约组织，通过自身的切实行动，带动更多的中国企业加大环境保护投入，共同推动社会关注气候、改善环境。

（二）LG 化学（中国）投资有限公司

LG 化学力求依托高品质的石油化学原料、尖端的信息电子材料和电池领域的先进技术帮助顾客取得成功，践行全球解决方案合作伙伴的角色。从 1947 年乐喜化学工业公司成立开始，截至目前，LG 化学将事业发展到了全球 16 个国家和地区（韩国、中国大陆、中国香港地区、中国台湾地区、印度、越南、泰国、印度尼西亚、新加坡、日本、美国、巴西、德国、波兰、土耳其、俄罗斯），现已发展成为一家全球性的化学企业。LG 化学的总部设在韩国，在韩国拥有 9 家工厂、1 家技术研究院，在其他国家和地区拥有 16 家生产法人、8 家销售法人、5 家分社及 2 家研发法人。

LG 化学自 1995 年在中国投资建厂以来，先后在北京、天津、宁波、南京、广州、台湾等地建立 10 家生产法人。另外，在上海、广州、青岛、烟台、宁波、深圳、重庆设立 7 家分公司，在合肥、厦门设立 2 家联络处，同时成立香港销售法人，本土化战略得到充分落实。2013 年，LG 化学中国市场共实现销售额约 82 亿美元。

LG 化学为实现中国地区事业的快速增长，于 2004 年设立地区总部，即"LG 化学（中国）投资有限公司"，在全公司范围内支援中国事业战略制定，向各地区生产法人和子公司的运营提供业务支援。LG 化学中国法人在加强现有事业竞争力的同时谋求新事业的增长，通过彻底地贯彻本地化战略，努力发展成为与中国共同发展的、引领中国市场发展的模范企业。

三、已出版的分行业指南 3.0

编号	名称	合作单位	出版时间
一	《中国企业社会责任报告编写指南 3.0 之一般框架》	政府、企业、学术机构和行业专家	2014 年 1 月
二	《中国企业社会责任报告编写指南 3.0 之一般采矿业指南》	中国黄金集团公司	2014 年 1 月
三	《中国企业社会责任报告编写指南 3.0 之汽车制造业指南》	东风汽车公司、上海大众汽车有限公司	2014 年 7 月
四	《中国企业社会责任报告编写指南 3.0 之煤炭采选业指南》	神华集团有限责任公司、中国中煤能源集团有限公司	2014 年 10 月
五	《中国企业社会责任报告编写指南 3.0 之电信服务业指南》	中国移动通信集团公司	2014 年 10 月
六	《中国企业社会责任报告编写指南 3.0 之电力生产业指南》	中国华电集团公司	2014 年 10 月
七	《中国企业社会责任报告编写指南 3.0 之建筑业指南》	中国建筑工程总公司	2014 年 11 月
八	《中国企业社会责任报告编写指南 3.0 之家电制造业指南》	松下电器（中国）有限公司	2014 年 11 月
九	《中国企业社会责任报告编写指南 3.0 之仓储业指南》	中国储备棉管理总公司	2015 年 1 月
十	《中国企业社会责任报告编写指南 3.0 之钢铁业指南》	浦项（中国）投资有限公司	2015 年 1 月

四、2015 年分行业指南 3.0 出版计划

编号	名称	合作单位	计划出版时间
十一	《中国企业社会责任报告编写指南 3.0 之石油化工业指南》	中国石油化工集团公司	2015 年 6 月
十二	《中国企业社会责任报告编写指南 3.0 之房地产业指南》	中国建筑工程总公司、华润置地有限公司	2015 年 6 月
十三	《中国企业社会责任报告编写指南 3.0 之非金属矿物制品业指南》	中国建筑材料集团有限公司	2015 年 6 月
十四	《中国企业社会责任报告编写指南 3.0 之银行业指南》	中国民生银行股份有限公司	2015 年 6 月

续表

编号	名称	合作单位	计划出版时间
十五	《中国企业社会责任报告编写指南 3.0 之电力供应业指南》	中国南方电网有限责任公司	2015 年 6 月
十六	《中国企业社会责任报告编写指南 3.0 之医药业指南》	华润医药集团有限公司	2015 年 7 月
十七	《中国企业社会责任报告编写指南 3.0 之食品饮料业指南》	中国盐业总公司、内蒙古蒙牛乳业（集团）股份有限公司、雨润控股集团有限公司	2015 年 7 月
十八	《中国企业社会责任报告编写指南 3.0 之电子行业指南》	中国电子信息产业集团、三星中国投资有限公司	2015 年 7 月
十九	《中国企业社会责任报告编写指南 3.0 之特种装备业指南》	中国兵器工业集团公司、中国航空工业集团公司、中国电子科技集团公司、中国航天科工集团公司	2015 年 10 月

五、参考文献

（一）国际社会责任标准与指南

［1］国际标准化组织（ISO）：《社会责任指南：ISO26000》，2010 年。

［2］全球报告倡议组织（Global Reporting Initiative，GRI）：《可持续发展报告指南（G4）》，2013 年。

［3］联合国全球契约组织：《全球契约十项原则》。

［4］国际审计与鉴证准则委员会：ISAE3000。

［5］Accountability：AA1000 原则标准（AA1000APS）、AA1000 审验标准（AA1000AS）和 AA1000 利益相关方参与标准（AA1000SES）。

［6］国际综合报告委员会（IIRC）：整合报告框架（2013）。

［7］国际石油工业环境保护协会（IPIECA）和美国石油学会（API）：《石油和天然气行业自愿发布可持续报告指南》。

（二）国家法律法规及政策文件

［8］《中华人民共和国宪法》及各修正案。

［9］《中华人民共和国公司法》。

[10]《中华人民共和国劳动法》。

[11]《中华人民共和国劳动合同法》。

[12]《中华人民共和国就业促进法》。

[13]《中华人民共和国社会保险法》。

[14]《中华人民共和国工会法》。

[15]《中华人民共和国妇女权益保障法》。

[16]《中华人民共和国未成年人保护法》。

[17]《中华人民共和国残疾人保障法》。

[18]《中华人民共和国安全生产法》。

[19]《中华人民共和国职业病防治法》。

[20]《中华人民共和国劳动争议调解仲裁法》。

[21]《中华人民共和国环境保护法》。

[22]《中华人民共和国水污染防治法》。

[23]《中华人民共和国大气污染防治法》。

[24]《中华人民共和国固体废物污染环境防治法》。

[25]《中华人民共和国环境噪声污染防治法》。

[26]《中华人民共和国水土保持法》。

[27]《中华人民共和国环境影响评价法》。

[28]《中华人民共和国清洁生产促进法》。

[29]《中华人民共和国节约能源法》。

[30]《中华人民共和国可再生能源法》。

[31]《中华人民共和国循环经济促进法》。

[32]《中华人民共和国产品质量法》。

[33]《中华人民共和国消费者权益保护法》。

[34]《中华人民共和国反不正当竞争法》。

[35]《中华人民共和国科学技术进步法》。

[36]《中华人民共和国反垄断法》。

[37]《中华人民共和国专利法》。

[38]《中华人民共和国商标法》。

[39]《集体合同规定》。

[40] 《禁止使用童工规定》。

[41] 《未成年工特殊保护规定》。

[42] 《女职工劳动保护特别规定》。

[43] 《残疾人就业条例》。

[44] 《关于企业实行不定时工作制和综合计算工时工作制的审批方法》。

[45] 《全国年节及纪念日放假办法》。

[46] 《国务院关于职工工作时间的规定》。

[47] 《最低工资规定》。

[48] 《生产安全事故报告和调查处理条例》。

[49] 《工伤保险条例》。

[50] 《再生资源回收管理办法》。

[51] 《消耗臭氧层物质管理条例》。

[52] 《石油和化学工业 2011 年经济运行分析及 2012 年展望》。

[53] 《关于禁止商业贿赂行为的暂行规定》。

[54] 《中央企业履行社会责任的指导意见》。

[55] 《中央企业"十二五"和谐发展战略实施纲要》。

[56] 《上海证券交易所上市公司环境信息披露指引》。

[57] 《深圳证券交易所上市公司社会责任指引》。

[58] 《中共中央关于全面深化改革若干重大问题的决定》。

(三) 社会责任研究文件

[59] 中国社会科学院经济学部企业社会责任研究中心：《中国企业社会责任报告编写指南（CASS–CSR3.0）》，2014 年。

[60] 中国社会科学院经济学部企业社会责任研究中心：《中国企业社会责任报告评级标准（2014)》，2014 年。

[61] 中国社会科学院经济学部企业社会责任研究中心：《中国企业社会责任研究报告（2009/2010/2011/2012/2013/2014)》，社会科学文献出版社。

[62] 中国社会科学院经济学部企业社会责任研究中心：《中国企业社会责任报告白皮书（2011/2012/2013/2014)》，经济管理出版社。

[63] 中国社会科学院经济学部企业社会责任研究中心：《企业社会责任基础

教材》，经济管理出版社，2013 年。

[64] 彭华岗等：《企业社会责任管理体系研究》，经济管理出版社 2011 年版。

[65] 国家电网公司《企业社会责任指标体系研究》课题组：《企业社会责任指标体系研究》，2009 年 3 月。

[66] 殷格非、李伟阳：《如何编制企业社会责任报告》，2008 年。

[67] 李伟阳、肖红军、邓若娟：《企业社会责任管理模型》，2012 年。

[68] 全哲洙：《中国民营企业社会责任研究报告》，2014 年。

(四) 企业社会责任报告

[69]《壳牌可持续发展报告 2011~2013》。

[70]《埃克森美孚企业公民报告 2011~2013》。

[71]《英国石油公司可持续发展报告 2011~2014》。

[72]《道达尔社会责任报告 2011~2013》。

[73]《泰国石油公司可持续发展 2011~2013》。

[74]《英国天然气集团可持续发展报告 2011~2014》。

[75]《中国石油化工集团公司社会责任报告 2011~2013》。

[76]《LG 化学（中国）社会责任报告 2012~2013》。

[77]《中国海洋石油总公司可持续发展报告 2011~2014》。

[78]《中国石油化工股份有限公司可持续发展报告 2014》。

[79]《中国石油天然气集团公司社会责任报告 2011~2013》。

[80]《中国石油天然气股份有限公司 2014 可持续发展报告》。

[81]《中海油田服务股份有限公司 2014 可持续发展报告》。

[82]《中国石化上海石油化工股份有限公司 2014 社会责任报告》。

[83]《山东胜利股份有限公司 2014 社会责任报告》。

[84]《陕西延长石油（集团）有限责任公司 2013 社会责任报告》。

[85]《中国石化胜利油田 2013 社会责任报告》。

后　记

2009 年 12 月，中国社科院经济学部企业社会责任研究中心发布了中国第一份企业社会责任报告编写指南——《中国企业社会责任报告编写指南（CASS-CSR1.0）》（简称《指南 1.0》）。为了增强《指南》的国际性、行业性和工具性，2010 年 9 月，中心正式启动了《指南 1.0》的修订工作，扩充行业、优化指标、更新案例。2011 年 3 月，《中国企业社会责任报告编写指南（CASS-CSR2.0）》（简称《指南 2.0》）发布。《指南》的发布获得了企业广泛的应用，参考《指南》编写社会责任报告的企业数量由 2011 年的 60 家上升到 2014 年的 231 家。

为了进一步提升《指南》的国际性、实用性，引导我国企业社会责任从"报告内容"到"报告管理"转变，2012 年 3 月 31 日，《指南 3.0》编制启动会在北京召开，来自政府、企业、NGO、科研单位等机构的约 100 名代表出席了本次启动大会。为广泛征求《指南》使用者意见，中心向 100 家企业发放了调研问卷，并实地走访、调研 30 余家中外企业，并启动了分行业指南编制工作。

作为第一本石油化工业企业社会责任报告编写指南，《中国企业社会责任报告编写指南 3.0 之石油化工业指南》的编制时间为 2014 年 12 月至 2015 年 6 月。期间，编写组多次赴中国石化扬子石油化工有限公司、中国石化镇海炼化分公司以及宁波 LG 甬兴化工有限公司实地调研。本书是集体智慧的结晶，全书由马燕、叶柳红、张宓、王李甜子、陈洁共同撰写。中国海洋石油总公司政策研究室处长鲍春莉、LG 化学（中国）投资有限公司企业社会责任经理陈洁、宁波 LG 甬兴化工有限公司安全环境总监高进、中国石化扬子石油化工有限公司副总工程师洪先荣、中国石化镇海炼化分公司综合办公室副主任黄仲文、LG 化学（中国）投资有限公司总经理金东镐、中国石化国际石油勘探开发有限公司企业文化部经理刘志波、宁波 LG 甬兴化工有限公司人事行政总监刘志勇、中国石化宣传工作部（新闻办）主任吕大鹏、中国石化宣传工作部（新闻办）品牌处主管谢丹平、中国社会科学院经济学部企业社会责任研究中心研究员马燕、中国石化镇海炼化分公司安全环保处处长瞿滨、中国石化扬子石油化工有限公司党委副书记王闽、中国海洋石油总公司政策研究室主管王帅、中国社会科学院经济学部企业社会责任研究中心副主任王承波、中国石化宣传工作部（新闻办）品牌处主办王李甜子、中国石化镇海炼化分公司党委副书记王旭江、中国石化扬子石油化工有限公司HSE 部副部长王哲明、中国石化扬子石油化工有限公司宣传部企业文化专家杨旭、中国社会科学院经济学部企业社会责任研究中心助理研究员叶柳红、中国石油天然气集团公司办公厅副处长原野、中国社会科学院经济学部企业社会责任研究中心常务副主任张蕙、LG 化学（中国）投资有限公司行政副总监张靖、中国社会科学院经济学部企业社会责任研究中心助理研究员张宓、宁波 LG 甬兴化工有限公司副总经理张朝霞、中国石化镇海炼化分公司总经理张玉明、中国社会科学院经济学部企业社会责任研究中心主任钟宏武、中国石化宣传工作部（新闻办）品牌处处长周泉生等为编写组实地调研与专家研讨会提供了大力支持，为编写组深入了解石油化工行业提供了诸多帮助。中国石化宣传工作部（新闻办）品牌处主办王李甜子、LG 化学（中国）投资有限公司企业社会责任经理陈洁为第八章案例写作提供材料支持；在资料整理过程中，马燕、叶柳红、张宓等同志做出了诸多贡献，全书由钟宏武审阅、修改和定稿。

《中国企业社会责任报告编写指南》系列将不断修订、完善，希望各行各业的专家学者、读者朋友不吝赐教，共同推动我国企业社会责任更好更快的发展。

编写组

2015 年 6 月